中公文庫

ドナルド・キーン自伝

ドナルド・キーン
角地幸男 訳

中央公論新社

ドナルド・キーン自伝　目次

I

II

Ⅲ

Ⅳ

嶋中鵬二、嶋中雅子の霊に捧ぐ

ドナルド・キーン自伝

I

1　ニューヨーク郊外、少年時代

子供の頃（そして随分あとまで）、私の身のまわりには日本を思わせるようなものがほとんどなかった。「着物」という言葉（これをどう発音したかはともかく）は、おそらく私が知っている唯一《ゆいいつ》の日本語だった。しかし切手を蒐集《しゅうしゅう》していたお蔭で、日本と中国の文字が似ていること、あるいは同じであることに気づいていた。日本語および日本文化について知っていることと言えば、その程度だった。日本の映画を見たことはなかったし、日本の音楽を聴いたこともなかった。誰かが日本語で話しているのを、耳にしたこともなかった。日本人に初めて会ったのは中学に入ってからで、それは同じクラスにいた女の子だった。日本人の男の子が一般にアメリカについて知っていることに比べれば、私は日本について何も知らないに等しかった。

日本人の男の子であれば、まず間違いなく野球に関する英語ぐらいは知っている。ユニフォームの背中にローマ字で書かれた選手の名前、胸に英語で書かれたチームの名前に目がいくはずだ。アメリカの映画を見たろうし、アメリカの曲を歌ったり、演奏したりもしたろう。アメリカの大統領やロック・ミュージシャンの名前もかなり知っているに違いない。また外来語だということに気づかずに、多くの英語の単語を知るようになる。

私が通っていた高校は驚くほどたくさんのノーベル賞受賞者を産み出したが、そこで受けた教育はほとんど西洋の歴史、文学、科学に限られていた。歴史の授業で日本について聞いたことは、何一つ覚えていない。おそらくペリー提督の「開国」の偉業は、どこかに出てきたのだと思う。十歳の頃のクリスマスに、子供向けの百科事典をもらった。別巻が三冊ついていて、それぞれ日本、フランス、オランダに振り分けられていた。どうして、この三つの国が選ばれたのかはわからない。たぶん、魅力的な挿絵に向いていたからではないだろうか。たとえば日本の太鼓橋、フランスのアヴィニョンの橋で踊る貴顕《きけん》淑女、オランダの木靴——。日本の別巻から知った事実が一つあって、それは日本人が俳句と呼ばれるたいへん短い詩を書くということだった。これが、私の日本文学との初対面となった。

日本について無知であることは、七十年前にアメリカで育った少年にとっては別に珍しいことではなかったが、ニューヨークで育ったために私は他のアメリカの子供とは多くの面で違う立場に置かれることになった。たとえば日本の友人たちは、私が車の運転が出来ないことを知ると、いつもびっくりする。アメリカ人なら誰でも子供の頃に運転を習うものだと決めてかかっているようだ。確かに、アメリカの他の地方で育った少年にとってはそれは事実だが、ニューヨークに住む人間は地下鉄やバスで動きまわるのが普通で、ほとんどの家に車がなかった。

私が育ったニューヨークの中流階級が住む郊外には、車を持っている人もいた。事実、私の父はその時の懐《ふところ》具合に応じて様々な種類、大きさ、状態の異なる車を持っていたが、私は車に何の魅力も感じなかった。地下鉄の方が好きだったし、（たった九歳で）一人であちこち自由に行けるということが誇らしかった。私が住んでいた街には、めったに自動車が通らなかったという記憶がある。子供たちは通りの真ん中で遊んでいて、たまに車が通ると癪《しゃく》に障ったものだった。

車は、なにも自動車に限らなかった。毎朝、ミルクを配達してまわったのは荷馬車だった。馬はどの家の前で止まったらいいかを正確に知っていて、しかも配達人がミルク瓶《びん》をそれぞれの勝手口のドアの前に置くのに要する時間をきちんとわきまえていた。廃品回収業者（東京の「ちり紙交換」のようなものを想像してもらえばいい）が時々、やはり荷馬車で通りかかった。彼らは、皆に古着を売るように勧める歌のようなものを歌っていた。

昨年、自分が育ったブルックリンの街を六十数年ぶりで訪れた。両側に街路樹のある通りに面した家で育ったことを、私は幸運だと思った。しかし少年の頃の私は、その幸運に気づかずに、どこか別のところ、どこでもいいから自分が今いるところとは別のところに住みたいといつも思っていた。

私の最大の楽しみは、映画を見にいくことだった。そのためなら喜んで歯医者にも行ったし、床屋（歯医者よりも嫌いだった）にも行った。行った後に、ご褒美《ほうび》として映画に連れていくと母が約束したからである。特にどれということなく、あらゆる映画が好きだった。一番惹《ひ》かれたのは、小さな町に住むアメリカの典型的な家族が出てくる映画だった。映画の中の父親はいつもやさしく、髪は灰色で口髭《くちひげ》をたくわえていた。母親は、絶えずパイを焼いていた。映画に登場する少年たちが抱えている問題――たとえば野球チームの選手に選ばれるかどうか、デートの相手が土曜の夜に現れるかどうか——は、私が悩んでいる問題ではなかった。私は、彼らをうらやましく思った。彼らの毎日が、私の生活より遥《はる》かに明るく見えたからである。

大恐慌が始まったのは、七歳の時だった。それ以来、食卓での会話には父の金銭的な問題にまつわる話がよく出てきた。こうした話題は、映画の家族の会話には決して出てこなかった。この時期には、懐かしい思い出というのはあまりない。一九三四年に妹が死んで、私は一人っ子になってしまった。その時以来、両親の関係は子供にもわかる具合に壊れていった。ある日、父は二度と帰ってこないと言って家を飛び出した。母は私に、父に戻ってくれるように頼んでほしいと言った。父は「お母さんがこうしなさいと、お前に言ったのかい」と訊《き》いた。私は違うと応え、父は家に戻ったが、両親の毎晩の口喧嘩《くちげんか》の声はますますひどくなった。ある夜、父が次のように言っているのを耳にした。父が母と一緒に住んでいた唯一の理由は、父が私の妹を愛していたからだった。しかし、その妹が死んでしまった今となっては、もはやその必要もなくなった、と。たぶん父は、本気でそう言ったわけではなかった。父は一瞬の怒りに駆られて、こうした言葉を口走ったのであったかもしれない。しかし私は、この言葉を忘れなかった。ついに両親が離婚し、住んでいた家から母と一緒にわびしいアパートに引っ越したのは、私が十五歳の時だった。

私を不幸にしたさらに痛ましい要因が一つあって、それはスポーツが苦手なことから来ていた。映画の中の少年たちと違って、スポーツは私に何の楽しみも与えなかった。嫌々《いやいや》草野球に加わろうとしたことは何度かあるが、打つのも走るのも下手だということがわかると、皆は私をチームに入れたがらなかった。母は少年たちに賄賂《わいろ》を使って私をゲームに参加させようとしたこともあるが、決して長続きしなかった。

私は、落伍者《らくごしゃ》であることに甘んじなければならなかった。私の望みは、早く大人になって（十八歳になれば大人になれると思っていた）、誰も私にボールを投げたり打ったりするのを期待しなくなることだった。ほかにもスポーツが苦手な子供はいたが、彼らは涙ぐましい努力をして下手であることを克服した。しかし私は何をしても無駄だと思っていて、一度も努力しようとしなかった。

中学時代の友達とは卒業以来ほとんど会っていないが、彼らは私が本に書いた子供時代のことを読んで、驚いたという意味の手紙を寄こした。彼らにとって当時の思い出は幸福なのに、どうして私だけが悲しいのかわけがわからないというのだった。たぶん私は、子供の時の孤独を無意識のうちに誇張していたかもしれない。私にも幸福な思い出はあって、特に切手蒐集がそれだった。いつも仲が良かったのは、同じクラスのやはり切手を集めている友達だった。私は、どこか自分が大好きな切手の国に逃げ出すことを夢見ていた。私が住み着いたのは、インド洋のレユニオン島だった。

しかし、なんといっても最高に幸せな思い出は、九歳の時に父と一緒にヨーロッパを旅行したことだった。父は毎年、仕事でヨーロッパに行っていた。私は旅立つ父をよく見送ったし、ニューヨークへ戻ってきた父が船のタラップを降りてくるのを出迎えたものだった。何度も父に、ヨーロッパへ連れていってくれとせがんだ。しかし父は、いつも断わった。理由は父の旅行が学期の途中であったり、私がまだ若すぎてヨーロッパを理解できないということであったり、あるいは単に父に金の余裕がないからだった。

一九三一年、父はその年の夏にヨーロッパへ行く計画だと言った。私は、チャンス到来だと思った。夏の間は学校は休みだし、私はヨーロッパについてすでにかなり知っているという自信があった。『子供のための世界史』を、私はほとんど暗記していた。それに、もし父に金が足りないのであれば、私は生まれた時に自分の名義で預金口座が開かれたことを知っていて、その金を旅行費用に充《あ》てればいいでしょう、と父に言った。

それでもなお、父を説得することは出来なかった。私は、これまで父が一度も見たことがないことをした。約三時間にわたって、泣き続けたのである。子供というものは怪我《けが》をしたり、欲しいものが手に入らなかったりすると、すぐ泣くものだ。しかし私は、幼児の時でさえ一度も泣いたことがなかった。父は、降参した。泣いたことは、私の生涯で最高に実りある行為だった。七月、私たちはヨーロッパへ旅立った。

2　九歳、ヨーロッパへの船旅

父と私は一九三一年七月、ヨーロッパへ向けて出航した。船は、ユナイテッド・ステイツ・ライン社のジョージ・ワシントン号だった。大西洋を横断する最高の豪華客船というわけではなかったが、私にとっては何から何まで新しい世界だった。たとえば見知らぬ乗客の中に交じって、父から皆に紹介されるのは胸がときめく体験だった。近年、私は何度かクルーズ客船に乗って船旅を楽しんだが、ジョージ・ワシントン号の思い出はそれとはまったく異なるものだった。相客はクルーズ客船と違って金持というわけではなかったし、また目的地よりもむしろ船上での生活を楽しむことに関心があるという年配の人間でもなかった。乗客はあらゆる年齢、あらゆる職業の人々で、どんなに差し迫った商用で早くヨーロッパへ行きたい人でも、一週間ないしそれ以上の日々を海の上で過ごすという宿命を受け入れざるを得なかった。船は、ヨーロッパへ行く唯一の手段だった。

船客たちは、もちろん航海そのものも楽しみたいと思っていた。船に積み込む荷物は、今日の空の旅で普通に持ち込む荷物の何倍もの大きさだった。特に女性は船上での食事ごとに、あるいは社交的な機会があるごとに着る様々な衣装を用意していた。私でさえ自分用の大きなスティーマー・トランクがあって、それは重い金属で出来ていたため、子供の力では運ぶどころか押してもびくともしなかった。その中には衣服だけでなく、私が船上での生活で必要とするすべてのものが収容できた。このトランクは父がこれまでの旅行で使ってきたもので、トランクのまわりにはヨーロッパの多くの都市の高級ホテルの名前のついたラベルが貼《は》られていた。

船には、冷房がなかった。一等船客は通気孔のついた外側の船室で、通気孔からは海の微風が入ってきた。しかし三等船室が蒸し暑いことは、後年になって一人で船旅をした時にわかった。三等船客の食卓での会話は、誰の船室が一番暑いかという話になりがちで、自分のところより暑い船室があるわけがないと誰もが言い張った。九歳の時の船旅は、父のお蔭で一等船室だった。父にとっては、どんなに厳しい財政状態にある時でも、三等船室で旅をすることなど考えられないのだった。

船上での一日の大半は、デッキチェアに身を横たえて過ごした。肌寒い日には船客係が毛布を持ってきて、毛布の端を身体の下にたくし込んでくれた。時には、コンソメや紅茶を持ってきてくれることもあった。乗客たちは、昼はシャフルボードをして楽しんだ。この退屈なゲームは、最高点獲得者に船会社が出す賞品のお蔭で少しは刺《し》戟《げき》が添えられた。もう一つの気晴らしに、ピンポンがあった。父は名人の域に達するピンポンの腕前の持主で、その年の船上大会でチャンピオンになった。父が折に触れて自慢することがあって、それは以前の航海で、有名な英国のテニス選手フレッド・ペリーをピンポンで負かしたことがあるということだった。

一等船客のメニューは凝っていて、食事ごとに数多くの料理から好きなものを選ぶことが出来た。それに船がアメリカの領海を出れば、もうアメリカの禁酒法に従う必要はなかった。船には酒がふんだんにあって、派手に飲まれたものだった。禁酒法時代、我が家には酒とおぼしきものは一切なかった。家からそう遠くないところに、もぐりの酒場があることを私は知っていて、酔っ払いがそこから出てくるのを見たことがあった。もちろん自分がそこへ入るなど、思ってもみないことだった。私が最初に酒の味を知ったのは船の上で、父は私にビールの泡《あわ》を飲ませてくれた。

航海にも不愉快なことが一つあって、それは私と同年代のアメリカの子供たちがいることだった。彼らがまず私について知りたがったのは、野球をする時の守備位置だった。私は本当のこと、つまり野球はどこを守っても下手であることをどうしても言えなくて、上手である振りをしなければならなかった。たいして考えもせずに自分は捕手であると言ったために、いずれはその腕前を見せなければならない時が来るのではないかと恐れていた。こうした新しい知り合いとの友好関係を築くために、私は見つかりそうもない船の片隅で人目を忍んで煙草《たばこ》を吸う仲間に加わった。それから六カ月間というもの、父から煙草を盗み、言ってみれば大人になったつもりで密かに吸った。煙草を吸い続けて、ある日、それが私に何の楽しみも与えないということに気づいた。それ以来、二度と煙草を手にしたことはない。

最初の寄港地は、アイルランドのコーブだった。アイルランドは「エメラルド島」の名で知られると学校で習っていたので、その丘が本当に緑色に見えることがわかって嬉しかった。私たちは上陸しなかったが、誰かが地元の新聞をくれた。第一面に載っていた広告を私は覚えていて、そこには「我が社のコーヒーを飲んでみてください。

紅茶もおいしいですよ」といったようなことが書いてあった。その低姿勢ぶりに、思わず笑ってしまった。アメリカで似たような広告が、自分のところのコーヒーや紅茶は世界一であると鼻高々に自慢していたのを思い出したからである。「〜もおいしいですよ」という言い方が、特におかしかった。文化の違いに気づいたのは、これが初めてである。

次に寄港したのはフランスのシェルブールで、ここで私たちは下船した。フランス語を話す人々に取り巻かれて、胸がときめく思いがした。母は学校でフランス語を習ったので、簡単な詩を作れるほどにはフランス語を覚えていたが、私はほとんど一語も知らなかった。シェルブールから、列車でパリへ向かった。通過するそれぞれの駅は、私の興味をそそったばかりでなく、ずっと前から夢見ていたように自分は今外国にいるのだ、ということに改めて興奮を覚えさせてくれた。ある駅の名前が、私の心に焼きついた。それは「リモーレー・リトゥテレー」というのだった。その律動感ある音の流れは、まさにパリに向かって急いでいる列車がたてる音のように聞こえた。この場所の名前を、地図で見たことがない。あれは、ただの夢だったのだろうか。

私は初めて乗ったこの時の体験に基づいて、フランスの列車はアメリカの列車よりずっとましであるという結論を下した。客室が小部屋に仕切られているフランスの列車のコンパートメントは、小人数の仲間という感じがして好きだった。後年、フランス語を勉強してからは同じコンパートメントにいる人々が話していることがわかるようになり、さらに旅が楽しくなった。私は窓の下に取り付けられている小さな金属プレートも気に入って、そこに書かれていた文句は、乗客が窓を開けるにあたって「てきぱきと、しかし乱暴にしないで」と勧めていた。これは、人生においても守るべき恰好《かっこう》の座右の銘ではないだろうか。

当時の日記（私が保存している唯一の日記）がまだ手元にあるが、そこにはフランスの印象が記されている。今読むと、自分はなんと散文的な子供だったのだろうとびっくりする。たとえば父とパリで滞在したホテルについては、ホテルのレストランで卵一つが八フラン（今の三百円ぐらい）もしたことにショックを受け、そのことだけが書き留めてある。同様にしてフォンテーヌブローを訪ねた時には、宮殿の窓の正確な数が記録されていて、王室のベッドが大きくて優《ゆう》に八人は寝られそうだということが書き添えてあった。たぶん出発前に父が考えていたことは正しかったので、私はヨーロッパを理解する用意がまだ出来ていなかったのかもしれない。

別な意味で、ヨーロッパ旅行は私の教育にまさにふさわしい時期に行なわれた。学校の同じクラスの少年の多くと同じように、私はどうして外国語なんか勉強しなければならないのか、かねがね疑問に思っていた。たとえばニューヨークから西海岸まで五千キロを旅しても、いたるところで英語を話すことが出来る。しかしフランスに来て、私は外国語を学ばなければならないということに初めて気づいた。日記には書いていないが、その啓示を受けた時のことをはっきりと覚えている。私は自動車の後部座席に、同じ年頃のフランス人の女の子と坐っていた。その子は、父の仕事仲間であるフランス人の娘だった。彼女は英語が話せなかったし、私はフランス語が話せなかった。それでもなんとか彼女と理解し合いたいと必死になって、私は一つだけ知っているフランス語の歌、「修道士のジャックさん」を歌ったのだった。

この時以来、外国語に強く惹きつけられてしまった。よく日本人は、私に何カ国語を知っているか尋ねることがある。この質問に答えるのは、極めて難しい。程度の差はあるが、たぶん八、九カ国語は勉強した。しかし中には完全に忘れてしまっているものもあり、理解できても話せなかったり、読めても書けなかったりするものもある。しかしながら、ほとんど完全に忘れてしまっている古典ギリシャ語のような言語の場合でも、自分がホメロスやギリシャ悲劇を原文で読んだ経験があったということを幸せに思う。一方、日本語の場合、私は時に考えることがある。もしなにかの事故で日本語の知識を失うことになったら、私にはたいしたものが何も残らないのではないか、と。日本語——最初は私の祖先とも、私の文学的嗜好《しこう》とも、また人間としての私の自覚とも関係がなかった日本語は、今や私の人生の中核部分を成しているのだ。

3　ウィーン、パリ、戦争の記憶

初めて訪れた一九三一年のパリでは、万国博覧会が催されていた。フランスの多くの植民地——その名前はどれも切手でお馴染《なじ》みだったが、その各国の人々と産物がそこには展示されていた。それまで私は一度も博覧会というものを見たことがなくて、パビリオンからパビリオンへと、まるで実際にアフリカから東南アジアに至るすべての国々を旅しているかのように興奮して歩きまわった。

最も記憶に生々しい経験は、インドシナ館での昼食だった。目の前に、頭がついたままの魚の料理が出てきた。皿の上に魚がまるごと載っているのを見たのは、これが初めてのことだった。私は、魚の眼に脅えた。その料理が食べられないと言うと、いったんウェイターは皿を下げ、頭を切り落としてから、ふたたび私の前に持ってきた。

しかし私は、こちらを睨《にら》みつけていた眼が忘れられなくて、頭がなくなってもその魚を食べることが出来なかった。

このちょっとした経験は、私が外国に魅せられていたにもかかわらず、まだ土着のものに対する偏見に縛られていたことをはっきり示している。この時以来、私は何年もかかって食べ物に関する偏見を克服し、今ではだいたい何でも食べられるようになった。日本人は、どう見ても私を夕食に招くつもりがないタクシーの運転手でさえ、まず私の嫌いな日本食を尋ねることから会話を始めることが多い（どんな日本食が好きかは、誰も尋ねてくれない）。日本人が特に知りたがるのは、私が刺身を食べられるかどうかである。刺身は大好きだと言うと、いかにも失望したように見える。しかし、なおも食い下がって、納豆は食べられるかと聞く。納豆を食べると言うと、やけになって次には、塩辛はどうかと来る。もちろん私にも、あれよりはこっちの方が好きだという料理はある。しかし日本食に限って言えば、それがうまく調理された時には食べるのに苦痛を覚えたことはない。

しかし、中には偏見が残っているものもある。私は犬の肉を進んで食べたいとは思わないし、有名な中国のご馳走《ちそう》である猿の脳みそも食べたいとは思わない。アラブ人の家に招かれて羊の目玉を出され、ここが羊の一番うまいところだと言われたら、かりに招いてくれた主人の機嫌をそこねることになったとしても、それに手を出すとは思えない。贔屓《ひいき》にしている日本料理屋の主人がいくらうまいと言っても、グラスに入ったスッポンの生き血を飲みたいとは思わない。

数多くのパリの名所を差し置いて、インドシナ・レストランでの魚料理の記憶が生々しく蘇ってくることに、私は今驚いている。パリから次の目的地であるウィーンに向かう列車の旅で、一つだけ覚えているのは、また別のちょっとした事件である。列車がスイスのどこかの駅に入った時、私は父に何か飲み物を買ってほしいと頼んだ。女の売り子が列車の窓のところまでフルーツ・ジュースを売りにきて、父は紙コップで一杯を買った。私はそれをむさぼるように飲んで、それから正体もなく寝入ってしまい、ウィーンに着くまで目が覚めなかった。私が飲んだのはフルーツ・ジュースではなくて、ワインだったことがわかった。父は後年、この時のことを思い出しては、よく言ったものだ。ウィーンに到着するまで、おまえは私の膝《ひざ》に頭を乗せたまま、ずっと眠りこけていたのだ、と。

ウィーンを覚えているのは、この壮麗な都市の偉容のせいではなくて、また別のちょっとした経験のためだった。あちこち見学した中で、ある博物館を訪れた。そこで見たのは一台の車で、かつてそれに乗っていたオーストリア皇太子フランツ・フェルディナンド大公夫妻めがけて、セルビア人の国家主義者が爆弾を投げつけたのだった。大公の軍服と儀式用のヘルメットの白い羽飾りが、血にまみれていた。私は大公の暗殺が第一次世界大戦の直接の原因となったことを歴史の本で読んで知っていて、現に目の前に、そのおびただしい数の人間の死をもたらしたものを見ているのだった。私は、息を呑《の》んだ。まだ子供だったが私は熱烈な平和主義者で、戦争より悪いものはないと思っていた。大公の軍服を見て、殺戮《さつりく》に対する私の憎しみが具体的な形をとった思いだった。私は、口もきけないまま博物館を出た。

戦後、オーストリアを数回訪れたが、ほとんどがザルツブルクだった。ウィーンを訪れたことは一度もなく、私はまだ血痕に脅えていた。数年前、勇気を奮い起こして、ついにウィーンを訪れた。名前も知らないその博物館を探したのは、辛い記憶を払い落としてしまいたいと思ったからだった。ウィーン滞在の最後の日の朝、まったく偶然に陸軍博物館というものがあることを知った。私は中に入り、誰に道順を聞くこともなく、まっすぐに爆破された車と血にまみれた軍服のところまで行った。悪魔祓《あくまばら》いは、うまくいった。今でも戦争が嫌いだが、ウィーンに対する不快な思いは消えた。

初めてのウィーン訪問については、もう一つ辛い思い出がある。自分と同じ年齢の子供たちが街角にひざまずき、手を合わせて拝むように金の施しを求めていたのだった。ニューヨークで物乞《ものご》いをよく見かけたし、無料のスープを待つ人々の長い列を見たこともあった。しかし施しを求める子供たちの光景を見て、かつてないほどに不況の悲惨さを思い知らされた。父が観光バスのガイドの男に少し多目のチップを与えた時、男は感謝のあまり泣き出した。

ウィーンから、私たちはベルリンへ向かった。父は、飛行機で行くことに決めた。私は身体が震えるほど興奮した。これまで一度も飛行機に乗ったことがなかったし、間違いなく私はクラスの中で、いや、たぶん全校生徒の中で初めて飛行機に乗るのだった。自分の経験を皆に話すのが待ち遠しかった。それは、栄光の瞬間をもたらすに違いなかった。しかし私は、かなり脅えてもいた。飛行機の旅は、当時は決してありふれたことではなかった。本当に安全なのだろうか、と不安だった。

今日の基準からすれば飛行機は極めて小さかったが、私には大きく見えた。怖くはあったが、かなりの高度だと思えるところから下界の町や農場を眺めるのが、だんだん楽しくなってきた。操縦席に行くように誘われた私は、そこで機長から高度や燃料などの数値を示す様々な機器について説明してもらった。帰国後、学校の雑誌にこの時のことを書いたが、飛行機が時速九十マイル（約百四十五キロ）で飛んでいることを知って私は有頂天になった。信じられないような速さに思えたのだ。

飛行機は、乗客に昼食を取らせるためにプラハに着陸した。何を食べたかなにも覚えていないが、店の経営者の名前（あるいは、レストランの名前かもしれない）は覚えている。それは、“Vlk”というのだった。母音のない名前に魅せられた私は、ここでさらに外国語が神秘なものであるという、もう一つの啓示を受けたのだった。飛行機がベルリンに着陸した時、機長がドイツ語で何か私にはわからないことを言った。どうやらそれは、私たちに何かを詫びているようだった。

これと似たような思い出が私にはあって、それは一九五七年の日本だった。小さな水上飛行機で、堺《さかい》から徳島まで飛んだ。飛行機が吉野川に着水した時、機長は六人の乗客の方を振り返り、ちょっと面映《おもは》ゆげに、「失礼致しました」と言ったのだった。

ベルリンには、ほとんど思い出がない。そこはウィーンに似て、悲しげな町だった。

数日後、私たちはブレーメンへ行き、そこでニューヨーク行きのドイツ客船に乗り込

ブレーメンで船のタラップを昇る、９歳の著者（中央右寄りのベレー帽、右横は父親）

んだ。その時の写真が一枚残っている。私は船のタラップを昇っていて、フランスの少年のようにベレーをかぶっている。どうしてベレーをかぶることになったのかは覚えていない。あるいはそれはヨーロッパに到着して以来、私が幾分変化したことの現れであったかもしれない。

一カ月かそこらの間に、いったい私は何を知ったというのだろうか。それまでただの名前に過ぎなかった歴史上の人物が、今の私には生き生きと蘇ってくる。私はナポレオンの墓を見たし、マリー・アントワネットが羊飼いの格好をして遊んだというヴェルサイユ宮殿の小屋も見た。私はコンコルド広場にもいて、そこではガイドがフランスの大都市を象徴する彫像たちを指さして、ストラスブールの彫像は第一次大戦でフランスが勝利するまでは黒い布で覆われていたと語ったのだった。私は、自分が読んだアルフォンス・ドーデの小説を思い出していた。普仏戦争で敗れた後、アルザスで行なわれたフランス語の「最後の授業」の話である。

私は外国語、特にフランス語を勉強したくなった。ニューヨークへ戻った時、父にフランス語の家庭教師を雇ってくれるように頼んだ。しかし、この時すでに父には本当に金がなくなっていて、私は中学校に入るまでフランス語の勉強を待たなければならなかった。この時に始まったフランスへの愛着は、生涯を通じて変わらなかった。もっとも、今や愛情の対象として、日本に次ぐ第二の地位に甘んじることになってしまったが——。

九月に学校に戻った時、ともかくしばらくの間、私は重要人物として脚光を浴びることになった。ヨーロッパと飛行機について語らなければならない数多くの土産《みやげ》話のためであったことは、言うまでもない。

4　十六歳、コロンビア大学に入学

小学校、中学校、高校を通じて、私は常にクラスで一番だった。あまりに成績が良かったので、何度か難なく学年を飛び越して進級した。こうした飛び級の生徒に選ばれて嬉しかったが、その結果は必ずしも私のためになったわけではなかった。そのことを特に感じたのは十六歳で大学に入った時で、私は同じクラスの学生より二歳若く、若い大人の中に一人だけ少年が交じったようなものだった。高校では、クラスの誰よりも若いだけでなく一番背が低かった。自分の力不足(特にスポーツの分野で顕著だった)を埋め合わせるために、私は何か別のことで自分の能力を示そうとした。たとえば学校の雑誌の編集長になって短篇小説を発表したし、学年末に公演される芝居の作者にもなった。しかし、これらの成功をもってしても、教室外での孤独の埋め合わせにはならなかった。

幸運にも、英文学の先生であるタンネンバウム女史が、私の面倒を見ることを引き受けてくれた。先生は、これまでにも見込みのある生徒を選んでは、コロンビア大学のピュリッツァー奨学金が取れるように手助けしてきた。この奨学金は一人の新聞社主によって設立されたもので、彼はニューヨークの高校から大学へ進学する若者十人に毎年奨学金を提供するだけの金を遺産として残したのだった。奨学金は四年間の授業料だけでなく、生活費としても幾分かの金額を提供していた。奨学生の一人になるためには、ニューヨーク州の最優秀生徒の中に入らなければならなかった。それは、毎年行なわれる州全体の試験の結果で決まるのだった。

コロンビア大学に入学するためには、まだほかの試験も受けなければならなかった。その試験には高校で勉強した教科だけでなく、私の高校では教えていない科目（たとえば古代ギリシャ・ローマ史）も入っていた。タンネンバウム先生の勧めで、私は出来るだけ幅広く文学や歴史を読んだ。

決め手となる教科は、数学だった。英語やフランス語の試験で百点を取るのは不可能だった――試験監督は、常に何らかの間違いを見つけることが出来る。しかし、正しい答えが一つしかない数学の試験では、百点を取ることが可能だった。私は別に代数が得意というわけではなかった。しかし記憶力は抜群で、教科書をほとんど暗記した。私は、数学の天才とみなされていた学生たちよりも試験で良い成績を挙げた。

私は父の援助をあてにすることは出来なくて、奨学金がもらえなければ大学に行くことは出来ないのだった。もう一つの可能性は市立大学に進むことで、そこでは学費が無料だった。どこの大学にも入れないことを恐れて、私は市立大学にも出願した。しかし、心の中ではコロンビア大学に進むことに決めていた。数週間が何の報《しら》せもなく過ぎ、私は悲観的になって、自分が選んだ大学に行くことは出来ないのだと諦《あきら》めかけていた。しかし、十六歳の誕生日にあたる一九三八年六月十八日、コロンビア大学から一通の手紙を受け取った。そこには私が入学を認められたこと、そしてピュリッツァー奨学生に選ばれたことが記されていた。四年間の勉学が、これで保証されたのだった。自信ではち切れそうになった私は、もう両親から金の援助は一切受けまいと心に決めた。

その年九月、コロンビア大学に入学した。タンネンバウム先生がかねてから私に勧めていたのは、大学では四つの言語――フランス語、ドイツ語、ギリシャ語、ラテ

コロンビア大学入学の頃

ン語——と、その言語で書かれた文学だけに専念するということだった。ふつうの大学と違って、コロンビアには必修科目がほとんどなかった。しかし、その数少ない必修科目を取らないわけにはいかなかった。さしあたって、ドイツ語とラテン語の勉強を犠牲にしなければならなかった。必修科目の一つに古典文学研究があり、これはホメロスからゲーテに至る偉大な文学作品を英訳で読む授業だった。かつてマーク・ヴァン・ドーレンに師事していたタンネンバウム先生は、彼こそコロンビアで最高の先生であると言っていた。私は、なんとかヴァン・ドーレン教授の古典文学研究のクラスを受講する権利を手に入れた。

この授業の読書課題は、たいへん厳しかった。無数の小試験があり、そのつど学生は課題を読んで理解したかどうかを証明しなければならなかった。授業は週四回あり、ふつう私たちは毎週二つか三つの古典文学や哲学——たとえばプラトンの『饗宴』や、アリストテレスの『倫理学』を読んだ。最初の試験でBしか取れなかった私は、ひどいショックを受けた。高校での目覚ましい学業成績は、どうやら大学での好成績までは保証してくれなかったようだった。

ヴァン・ドーレン教授は、驚嘆すべき先生だった。学者で詩人だったが、なによりも文学がわかる人間で、しかもその文学を私たちにも理解させることが出来たのだった。講義では一切ノートを使わず、まるでどの作品にも初めて取り組んでいるかのように、その場で考えていることを思わず口に出したりした。彼は絶えず学生に質問して、それは学生たちの知識を試すためではなくて、読んだ作品が学生たちにとってどんな意味を持つかを知りたいからだった。注解書や専門的な文学批評は、ほとんど使わなかった。教授が私たちに教えた一番肝心なことは、作品を読み、それについて考え、なぜそれらの作品が古典とされているかを自分で発見することだった。私が日本文学の教師として成功しているとしたら、それはマーク・ヴァン・ドーレンを手本としたからである。

当時、アメリカの教育には一つの動きがあって、それは今の時代の背景を理解するために西洋の伝統の基本である原典に立ち返ることだった。古典文学研究の授業は、この動きの一面を示すものだった。ある大学などはさらに進んでいて、学生は四つのヨーロッパ言語を学び、原語で古典文学を読むことを要求された。マーク・ヴァン・ドーレンはそこまではしなかったが、古典となっている書物の至高の重要性を信じていた。最近では古典的名著を重要視することは時に軽蔑《けいべつ》の対象となりがちだが、私は相変わらず彼が正しいと思っている。今でも、たとえば近松門左衛門《ちかまつもんざえもん》の悲劇について講義する場合、私は自分の手引きとしてアリストテレスの『詩学』を使い、何が普遍的で何が日本の芝居に特有のものかを説明する傾向がある。

クラスの友人の多くは寄宿舎に入っていた。しかし私は母にせがまれて、家に住まなければならなかった。そのため、大学での交遊関係からは切り離されていた。もっと悪いことには、毎日往復の約三時間を地下鉄の中で過ごさなければならなかった。子供の頃は地下鉄に乗ることに興奮を覚えたが、週五日もそれで通学しなければならないとなると話は別で、私は地下鉄が嫌いになった。地下鉄はブルックリンからコロンビアまで乗っても、たったの五セントだった。しかし、車両は古くて汚かった。座席は籐《とう》で出来ていて、だいたいが擦《す》り切れていたし、照明は黄色く光が弱かった。しかし、地下鉄の中で過ごす貴重な時間を無駄には出来なかった。本を読んだが、ほとんどが小さな活字だった。席がない時には、立ったまま読んだ。視力は大学に入った時には人並み以上だったが、地下鉄の中で本を読むようになって一年後には眼鏡が必要になった。

私が立派な先生と思ったのは、なにもヴァン・ドーレンだけではなかった。コロンビア大学の先生たちはいずれも傑出していて、クラスは常に小人数だった。学識豊かでやさしいモーゼス・ハダスの下でギリシャ語を勉強するのは楽しかった。ギリシャ語は難しい言語だが、初年度の学生が読むテキストでも最高傑作ばかりだった。そこには、現代語の初歩的なテキストの幼稚さは、みじんもなかった。

ギリシャ語の勉強は、消極的な形ではあったが私に重要な影響を与えた。高校の時にフランス語とスペイン語を勉強した経験に基づいて、私は自分がどんな外国語でも難なく覚えることが出来ると思い込んでいた。しかし、クラスの中にはギリシャ語を私よりも早く覚え、しかも私より記憶力に優れた人間がいるということがわかった。私は鼻をへし折られた思いがしたが、これは一度は経験しなければならないことだった。

またフランス語の作文のクラスでは、自分のフランス語の知識を鼻にかけていたが、文法的に正確なだけでなく文体としても優れたフランス語が書けるということは、また別の話なのだということを思い知らされた。このクラスを教えていたピエール・クラメンスは、学生に常に自分のすべてを捧げる素晴らしい先生だった。クラメンス先生は、私の尊敬するもう一人のフランス人の教授に似ていた。それは、だいぶ後に友人となった非凡な日本文学者ジャン＝ジャック・オリガスである。

5　ナチ侵攻のさなか、『源氏』に没頭

マーク・ヴァン・ドーレンの授業は、文学を読んで理解する私の方法に大きな影響を与えたが、同時に、まったく予測できない形でも影響を及ぼした。このクラスでは、学生たちはアルファベット順に坐らされた。そのため、たまたま私（Keene）の席は李（Lee）という中国人の隣になった。週四回の授業の前後に彼に会うことになった結果、私たちは親しくなった。それまで私は、中国人を一人も知らなかった。高校の同級生と何度も中国料理を食べにいったことはあるが、それが中国（あるいは、どこであれアジアの国々）と触れ合う唯一の機会だった。

古典文学研究のクラスで読んでいる西洋の伝統的な名著が、全人類に共通の貴重な遺産であることを私は疑ってみたことがなかった。ほかの伝統もまた古典的名著を生

み出しているなどとは、それこそ思ってもみなかった。それでも李と親しくなった時に、中国の文学について尋ねてみた。彼が最初に読むように勧めた本は、孔子の『論語』だった。孔子は、私が名前を知っている唯一の中国の哲学者だった。しかし孔子が何を教え、なぜ孔子が有名なのかということについては何も知らなかった。

正直言って、英訳で読んだ『論語』は極めて退屈だった。弟子の質問に対する孔子の答えは、ただの陳腐《ちんぷ》な言葉の羅列《られつ》のように見えた。プラトンの崇高な思想とは、まったく比べものにならなかった。李にはその幻滅を明かすことはなかったが、私は自分が特に馬鹿げていると思った孔子の格言を覚えることに、ある種の喜びを感じた。「席正シカラザレバ、坐セズ」(座布団が曲がっている時には、まっすぐに直してからでなければ坐らない)というような退屈な言葉が、哲学と呼ばれるに値するとは信じられなかった。

中国文学や哲学の英訳を広く読み漁《あさ》ることで、こうした子供じみた態度から解放されるまでには、かなりの時間がかかった。その間に、私は李と中国語の勉強を始めた。最初のレッスンは、ニューヨークからそれほど遠くない海岸に泳ぎにいった時だった。李と一緒にいて楽しかったし、彼から多くのものを学んだが、共通の話題がそれほどあったわけではなかった。李はエンジニアになるつもりでいて、彼にとって文学は私が思っているほど重要なものではなかった。ある日、海岸で突然ひらめいて、彼に漢字を何か教えてくれないかと頼んだ。彼は、まず砂の上に横に一本の線を引っ張った。「これが、一だ」と、言った。二と三は、似たようなもので覚えやすかった。四になると、書くのが少し複雑になった。しかし、複雑になればなるほど、漢字を学ぶのがおもしろくなった。特に好きな漢字は、字画が多いものか、変わった形をしたものだった。それは、私が三角形の切手や変わった加刷を施した切手が好きであるのと同じだった。

毎日、私たちはコロンビア大学の近くにある中国料理店で昼飯を食べることにした。ほとんどいつもメニューの中で一番安い炒飯《チャーハン》やエッグ・フーヤン（蟹《かに》などをまぜこんだオムレツ）のような食事をした後、李はチャイナタウンで購入した小説を取り出し、それを数行ずつ私と読んだ。小説だから、もとより人に中国語を教えるために書かれた本ではない。しかし、そこで覚えた漢字の一つ一つは、私の記憶のアルバムに貼付けた貴重な郵便切手となった。また、李が買ってきた筆と書道の本を使って、漢字を書く練習をした。漢字を真似《まね》て書くのがかなりうまくなったが、別の中国人が私の書を見て指摘したことによれば、私は漢字を「書いている」のではなくて「描いている」――つまり、書く順番や正しい筆の運びを無視していると言うのだった。

昼食と中国語の勉強のために週に五回も李に会っていたにもかかわらず、私はたいして上達しなかった。中国語の会話の勉強はうまくいっていたかもしれない。しかし私が魅力を覚えたのは、会話ではなくて漢字だったのだ。それに広東出身の李は、標準中国語の発音に自信がなかった。その結果、漢字の意味は学んだが、それがどう発音されるかはわからなかったし、またそれが日常使われる漢字なのか、それとも書物にだけ出てくる漢字なのかもわからなかった。外国語を学ぶのに、これは理想的な方法ではなかった。

大学に入学した一九三八年の同じ九月、ミュンヘン協定が調印された。友人たちは、ヒトラーに対する英国とフランスの弱腰とチェコスロヴァキアに対する裏切りに腹を立てていた。しかし私は、戦争が回避されたことを密かに喜んでいた。何であれ戦争よりはましだと考えたし、当初はこれで戦争が未然に防がれたように思えたのだった。

一九三九年夏、李と一緒にニューヨーク万国博覧会に行った。私たちは、今より明るい世界の到来を予告する展示物に興奮した。テレビを見るのは初めてだったし、電気で走ってガソリンを必要としない自動車も初めて見た。輝かしい未来が、今まさに始まろうとしているかのようだった。しかし、それから一ヵ月ばかり後、ヨーロッパで戦争が勃発《ぼっぱつ》した。

子供の頃から、私は戦争がやってくることをひどく怖がっていた。高校時代、ヨーロッパ諸国が戦争するのを防ぐ素晴らしい着想が浮かんだ。それはメキシコ湾流（暖流）を遮断《しゃだん》することでヨーロッパ全土を寒冷化し、人々に戦争を出来なくさせるというのだった。しかし、このような雄大な構想を思いついた時でさえ、ナチが軍隊によって阻止されずに全ヨーロッパを征服したらどうしようという恐怖感を抑えることは出来なかった。

最初はフランスとドイツの間で小競《こぜ》り合《あ》いがあった程度だったので、世間では「模擬戦争」と笑い飛ばしていた。しかし一九四〇年、私の生涯で最も陰鬱《いんうつ》な年にドイツ陸軍が突如進撃を開始した。まず、デンマークとノルウェー、続いてオランダとベルギーだった。ドイツの侵略からフランスを守ると思われていたマジノ線（仏独国境に沿って築かれた要塞《ようさい》）は、いとも簡単にドイツ軍によって迂回《うかい》され、間もなくフランスの領土の半分以上が占領された。

その年の後半、英国空襲が始まった。英国がドイツに抵抗することは、ほとんど不可能のように見えた。ナチの征服に関する最新ニュースが怖くて、私はほとんど新聞が読めなかった。これまで以上に漢字を覚えることに専念しようとしたが、目的を欠いた勉強が非現実的な気晴らしに過ぎないことはわかっていた。しかし一九四〇年秋、私にまったく予期せぬことが起こった。私の中で戦争に対する憎しみと、ナチに対する憎しみとが衝突していた最悪の時期に、いわば救いの手が差し伸べられたのだった。

当時、ニューヨークの中心にあるタイムズ・スクエアに、売れ残ったゾッキ本を専門に扱う本屋があった。その辺を通りかかった時に、いつも私は立ち寄ったものだった。ある日、*The Tale of Genji*（『源氏物語』）という題の本が山積みされているのを見た。こういう作品があるということを私はまったく知らなくて、好奇心から一冊を手にとって読み始めた。挿絵から、この作品が日本に関するものであるに違いないと思った。本は二巻セットで、四十九セントだった。買い得のような気がして、それを買った。

やがて私は、『源氏物語』に心を奪われてしまった。アーサー・ウェイリーの翻訳は夢のように魅惑的で、どこか遠くの美しい世界を鮮やかに描き出していた。私は読むのをやめることが出来なくて、時には後戻りして細部を繰り返し堪能《たんのう》した。私は、『源氏物語』の世界と自分のいる世界とを比べていた。物語の中では対立は暴力に及ぶことがなかったし、そこには戦争がなかった。主人公の光源氏は、ヨーロッパの叙事詩の主人公たちと違って、男が十人かかっても持ち上げられない巨石を持ち上げることが出来る腕力の強い男でもなければ、群がる敵の兵士を一人でなぎ倒したりする戦士でもなかった。また源氏は多くの情事を重ねるが、それはなにも（ドン・ファンのように）自分が征服した女たちのリストに新たに名前を書き加えることに興味があるからではなかった。源氏は深い悲しみというものを知っていて、それは彼が政権を握ることに失敗したからではなくて、彼が人間であってこの世に生きることは避けようもなく悲しいことだからだった。

私はそれまで、日本が脅威的な軍事国家だとばかり思っていた。広重《ひろしげ》に魅せられたことはあっても、日本は私にとって美の国ではなくて中国の侵略者だった。李は、手厳しい反日派だった。ニューヨークの万国博覧会に行った時、様々な外国のパビリオンを訪ねたが、李は日本のパビリオンに入ることだけは断固拒否した。李と李の祖国に同情はしたものの、だからといって私が『源氏』を楽しむのをやめたわけではなかった。いや、「楽しむ」というのは正確ではない。私は自分を取り巻く世界の嫌なもののすべてから逃れるために、この本のページを開いたのだった。

6　真珠湾攻撃、海軍日本語学校へ

一九四一年春のある日、コロンビア大学の東アジア図書館で勉強していると、知らない男が近づいてきて、こう言った。「あなたが毎日、中国料理店で食事をしている姿を見かけました。今晩、そこで夕食をご一緒しませんか」と。

この誘いには、驚いた。私の最初の反応は、夕食の自分の勘定《かんじょう》を払う金があるだろうかということだった。しかし思いがけない誘いに惹かれて、私は承知した。男の名前はジャック・ケーアといって、数年日本に住んだことがあり、台湾で英語を教えたことがあった。ある程度の日本語は話せたが、日本語の読み方は習ったことがなかった。彼が台湾で教えていた学生の一人が日系アメリカ人で、最近帰国していた。ケーアは、その年の夏をノースカロライナの山中にある自分の別荘で、昔の学生を相手に日本語を勉強しながら過ごすつもりだった。しかし生徒が自分だけだと、怠けてしまうのではないかと危ぶんでいた。張り合う相手がいれば、励みになる。そこでケーアは、夏の間に日本語を学びたいと思う仲間三、四人を見つけることにした。私を夕食に誘ったのは、そんな理由からだった。

『源氏物語』に愛着を感じていたにもかかわらず、私が日本語を勉強しようと思わなかったのは、それが友人の李の感情を傷つけることになるかもしれないと恐れたからだった。しかし、暑いニューヨークから逃げ出し、山中で夏を過ごせるという機会は、あまりに魅力的で抵抗できなかった。

生徒は、三人だった——ジャック・ケーア、私、そしてポール・ブルーム。私は知らなかったが、ブルームは最近フランスから逃げてきたのだった。かなり年上で、私が十九歳、彼は四十五歳ぐらいだった。しかし私たちは、すぐに友達になった。ブルームは横浜生まれで、そこでフランス人の父親が貿易商を営んでいた。イエール大学を卒業する頃に父親が死に、かなりの金を彼に残した。ブルームは、父親の遺産を旅行に使うことにした。その経験を書いて、本にしようと思ったのである。私はブルームの話すこと、中でも彼が訪れた遠方の土地の話に魅せられた。ブルームは描写がうまいので、マダガスカルのタナナリブという赤い都市や、正月を過ごしたというブラジルの寂しい町が眼に見えるようだった。ブルームの行ったことのない場所が一つだけあって、それはインド洋にあるセイシェル諸島だった。訪れない場所が一つぐらいあった方がいい、とブルームは思っているようだった。

ポール・ブルームが日本語を覚えたのは、まだ子供の時だった。しかし、日本で暮らしたことのある多くの外国人と同様に日本語が読めなかったし、語彙《ごい》は子供が知っている範囲に限られていた。そんなことから、私たちの仲間に加わったのだった。

先生の猪俣忠《いのまたただし》が私たちに日本語を教えるのに使った教科書は、「サイタ　サイタ　サクラ　ガ　サイタ」で始まる『小學國語讀本』だった。ほかの二人の生徒と違って、私はごく簡単なことでも日本語で言えなかった。しかし、中国語で習った漢字はわかった。新しい外国語をまた一つ勉強するのだと思うと、私は興奮した。しかし、あとの二人は漢字を覚えることに次第に興味を失っていった。私にとって日本語の複雑な書き方は、その魅力の一つだった。もしこれがローマ字で書かれていたら、日本語の難しさを克服しようという欲求は起こさなかったかもしれない。

のちにケーアはアメリカの幾つかの大学で日本史を教え、主としてヨーロッパの言語で書かれた資料に基づいて台湾と沖縄に関する優れた本を書いた。当時、アメリカの大学で中国や日本の歴史ないしは美術を教える教授が、中国語や日本語が読めないのはごく普通のことだった。

コロンビア大学に戻って四年生の新学期が始まった後、ケーアにはあまり会わなかったが、ブルームとはかなりよく会った。中国語と日本語の研究を続けるか、あるいは最初に愛着を覚えたフランス文学に打ち込むか、まだ私が心を決めかねていた頃、ブルームは（元はフランス国籍だったが）日本語を勉強することを強く勧めた。ブルームが指摘したのは、こういうことだった。フランスで育って完璧《かんぺき》なフランス語を話すアメリカ人は山ほどいる、しかし日本語がわかるアメリカ人は皆無に近い、と。

私たちは山で約二カ月を過ごした後、ノースカロライナに別れを告げた。猪俣と私は、列車でニューヨークへ向かった。私の記憶によれば、列車は煙草のけむりと固い座席のせいで鬱陶《うっとう》しかった。最悪の瞬間がやってきたのは、車掌が私たちの方に近づき、猪俣の顔をじっと見つめ、彼が白人かどうか尋ねた時だった。私が南部を訪れたのはこの時が初めてで、町に入った時、黒人に対する厳しい差別が公然と行なわれていることに、ひどくショックを受けた。ささやかな抵抗のしるしとして、私は「黒人用」と書かれた噴水式の水飲み場から水を飲んだ。車掌は、これまでアジア人には会ったことがないようだった。私は急いで猪俣が間違いなく白人であることを言い、車掌は猪俣に黒人専用の車両に移るよう強制することなく、そのまま立ち去った。列車がワシントンに到着し、南部の人種差別法と縁が切れた時には、ほっとした。

猪俣と私は、友達になった。猪俣のためにグリニッチ・ヴィレッジに部屋を探し、アジアに関する本を専門にしている本屋に仕事を見つけてやった。コロンビア大学で私は、ケーアの勧めで角田《つのだ》柳作《りゅうさく》先生の「日本思想史」を受講することにした。日本研究は、当時は人気がなかった。それでも、受講する学生が私一人であることを知った時はショックだった。たった一人の学生のために教えるのは、角田先生にとって時間の無駄だと私は考えた。しかもその学生は、日本について何も知らないに等しいのだった。私が受講辞退を申し出ると、角田先生は言った、「一人いれば十分です」と。

角田柳作先生

それから数週間というもの、二人の日系ア

メリカ人の学生がクラスに加わるまで、角田先生は私一人のために講義の準備をした。教室に入ると、いつも黒板はびっしり文字で埋まっていて、それは主に漢文の引用だった。私はそれを理解できなかったが、苦労してノートに写した。また先生はいつも、その日に講義するつもりでいる時代の日本の思想家に関する書物を、山ほど抱えてきた。それはただ、もし私が質問して、先生が記憶の範囲で答えることが出来なかった場合に備えてのことだった。

私は、アメリカ人の教授の日本語授業も受けていた。彼は非常に親切だったし、日本の詩歌や美術に対する感受性にも優れていた。しかし残念なことに、日本語をほとんど知らなかった。新しい教科書が発行されたばかりで、それは（「サイタ　サイタ」の教科書とは違って）外国人の大人に日本語の読み方を教えるためのものだった。しかし、この教授はめったに授業の準備をしてこなかった。そのため学生たちが翻訳している間に、彼は次の一節に出てくる知らない単語を、いちいち辞書を引いて調べざるを得なかった。角田先生とは格段の相違で、もとより比べものにならなかった。

一九四一年十二月七日、私は猪俣とスタッテン島へハイキングに行った。フェリーがマンハッタン島の南端に戻ってきた時、一人の男が新聞を売っていた。新聞には

「日本が米国ハワイを攻撃、フィリピン空爆される」という見出しがついていた。見出しを見て、笑ってしまった。それは日曜日に夕刊がある唯一の新聞で、客寄せのためによく挑発的な見出しをつけたからである。猪俣と私はそこで別れ、彼はグリニッチ・ヴィレッジへ、私はブルックリンへ帰った。家に着いた私は、さっきの新聞が今回に限り大げさな見出しをつけたわけではないことを知った。猪俣は、ニュースに動《どう》顚《てん》しているに違いなかった。彼を見つけて、元気づけてやりたかった。グリニッチ・ヴィレッジを隈《くま》なく探したが、猪俣はどこにもいなかった。あとで聞いたところによれば、日本人と見て暴行を加えられるのではないかと恐れ、誰にも気づかれないように終夜営業の映画館の中で一晩を過ごしたとのことだった。

翌日、大学では学生たちがあちこちにかたまって、真珠湾（パール・ハーバー）では何隻の船が沈められたか、アメリカ側の戦略はどう出るか、といった噂話で持ち切りだった。正午に李と中国料理店で食事をしていた時、ルーズヴェルト大統領が宣戦布告するラジオ放送を聞いた。長年の悪夢が、とうとう現実になってしまったのだった。

いつものように角田先生の教室に行ったが、先生は姿を見せなかった。すでに先生は、敵国人として強制収容されていた。数週間後の裁判で先生は、犬も連れずに長い散歩をしたのはスパイの証拠だとして告発された。判事は、この申し立てを棄却《ききゃく》した。コロンビア大学に戻った先生は、ふだんと変わらず戦時中も学生を教えて過ごした。

からっぽの教室を見て、私は新聞やクラスの友人たちの噂話以上に、自分の学生生活がやがて終わろうとしているのだということを実感した。私は、たぶん軍隊に入らなければならないだろう。自分が銃剣を持って突撃したり、飛行機から爆弾を落としている姿は想像できなかった。しかし私は、もう一つ別の可能性があることを知った。海軍に日本語学校があり、そこで翻訳と通訳の候補生を養成しているというのだ。

7　海軍語学校卒業式、日本語で「告別の辞」

日本が真珠湾を攻撃して間もない頃、私はラジオの解説者が次のように言っているのを耳にした。日本語を知っているアメリカ人は、わずか五十人しかいない、と。夏の山中での特訓を根拠に、私もその五十人の中に入るだろうかと思った。解説者の情報は間違っていて、五十人どころか何十万という日系アメリカ人が日本語を知っていたし、中には日本で教育を受けた者もいた。私に出来ることと言えば、せいぜい二種類の辞書の助けを借りて、簡単な新聞記事を読むことくらいだった。日本語でまともに一言半句しゃべれなかったし、耳から入ってくる日本語は理解できなかった。

もちろん私は、こうした自分の限界が痛いほどわかっていた。だから海軍語学校のことを知った時、海軍省に手紙を書いて入学させてほしいと頼んだのだった。その後間もなくワシントンから一通の手紙が来て、面接を受けるよう要請してきた。面接で、どんな質問が出たかは覚えていない。しかし数週間後、語学校入学のためカリフォルニア大学に出頭せよという通知を受け取った。

当時のニューヨークからサンフランシスコまでの列車の旅は、合衆国の真ん中を横断する最短ルートで約四日かかった。私は、これまでアメリカを旅行したことがなかったので、あえて五日かかる遠回りのルートを選んだ。出発の日、母と数人の叔母が駅まで見送りにきた。母は泣いていた。たぶん、私の安否を気遣ってのことだったと思う。しかし、私は嬉しかった。ついに私は、ニューヨークを離れようとしているのだ。自分の平和主義と海軍入隊ということに、何の矛盾《むじゅん》も感じなかった。私は、日本語を勉強しにいくのだった。

列車が最初に止まったのは、ニューオーリンズだった。かねてから、このアメリカで唯一フランス文化の香りのする都市を見たいと思っていた。列車の中で私のまわりは、同年齢の男女ばかりだった。やがてお互いに言葉を交わすようになり、旅の経験を共有することになった。飛行機の中で見知らぬ乗客と話をするのはめったにないことだが、列車の旅だと隣に坐った相手と、ごく自然に言葉を交わすようになる。列車でたまたま乗り合わせた相客に、自分の悩みや秘密さえも打ち明けてしまうのは、その相手に二度とふたたび会う心配がないからだろうか。列車での長旅がいくら退屈でも、列車の雰囲気は会話に向いている。飛行機の中で知らない人間と会話を交わすのが極めて稀《まれ》なのは、空を飛んでいるという恐怖感がまだ頭のどこか片隅にあって、つい口をつぐんでしまうためかもしれない。

ニューオーリンズで列車を乗り換える時間を利用して、私はフランス料理店で申し分のない食事をした。昔は食べ物にあまり関心がなくて、私が最高のご馳走と思っていたのは、広東料理店で出るようなエビにロブスターのソースをかけたようなものだった。ポール・ブルームがニューヨークのいろいろなレストランに連れていってくれて、フランス料理の至福の美味を楽しむことを教えてくれたのだった。

列車の旅の続きは、私をテキサスの広大で見渡すかぎり何もない空間へと連れていった。列車の窓から景色を眺めるのは好きな方だが、テキサスでは何キロにもわたって眼に映るものといったら、荒野と、時々ぽつんと一軒だけ建っている家、そして牛だけだった。ふたたび旅の楽しみを感じることが出来たのは、列車がアリゾナに到着してからだった。アリゾナの小さな町に停車した時、プラットホームに降りて爽快《そうかい》な

バークレーの海軍語学校

空気を吸い込んだ。二月だったが、まったく春の一日のような感じだった。どうして人は、ニューヨークなんかに住むのだろう、と私は自問していた。
旅の最後は、ロサンゼルスからバークレーだった。夜遅く、到着した。幸いにもインターナショナル・ハウスに予約しておいた部屋は、まだ私のために取ってあった。ものすごく疲れていて、すぐ眠りに落ちた。五日ぶりのベッドの上での一夜だった。翌朝、目が覚めた私は窓の外に咲き誇る花々や、パステル・カラーのセーターを着た女たちが通りを歩いているのを眺めた。たぶん今頃ニューヨークでは雪が降っている、と私は思った。
午前中に、海軍からの手紙に指定されている大学の建物に行った。すでに人が集まっていて、私は彼らを眺め渡しながら、これが一緒に学ぶ仲間になるのかと思った。まさかその中に、終生の友になる男がいるなどとは考えもしなかった。
私たちは、これまでの日本語の知識の程度に応じてクラスに分けられた。六人以上のクラスはなかった。授業は週六日、一日四時間で、毎週土曜日に試験があった。毎日二時間が読解、一時間が会話、一時間が書き取りだった。さらに、翌日の授業に備えて少なくとも四時間の予習が必要とされた。その時の説明にはなかったが、海軍については何も学ばないことが次第にわかってきた。賢明にも海軍当局は、海軍について知ることが日本語学習から私たちの気を逸《そ》らせることになると判断したのだった。語学生として正式に海軍に入隊した後も、私たちは軍服を着なかった。

私たちの先生は主に「帰米」――つまりアメリカで生まれ、日本で学校教育を受け、アメリカに戻ってきた日系アメリカ人たちだった。日本語（あるいは他の教科）を教えたことのある経験者はほとんどいなかったが、彼らは熱意をもって自分の仕事に打ち込んでいた。生徒たちが先生を好きになるのに長くはかからなかったし、先生の方でも同じ気持を抱くようになった。つい最近まで知らなかったが、語学校の先生たちは他の日系アメリカ人から圧力をかけられ、また侮辱を受けていた。砂漠の中のキャンプに強制収容された多くの日系アメリカ人から見れば、語学校の先生たちは抑圧者の言いなりになって彼らに協力したことになるからだった。しかし、先生たちが嫌々ながら教えているという気配は、みじんも感じられなかった。むしろ彼らは、私たちの日本語習得の上達を喜んでいるように見えた。

生徒は、二つのグループから成っていた。第一のグループは、日本で育った宣教師や実業家の息子たちだった。中には日本でなく中国に住んだことのある者もいたが、海軍は中国での経験も日本語習得の役に立つとみなしたようだった。第二のグループは私のように学業成績が良く、特に語学に優れた者たちだった。後者のグループに属する者たちは多くが東部の一流大学の学生で、いわば英才たちの集まりだった。

外国人にとって日本語を学ぶという経験は、日本語を勉強した他のすべての外国人と自分とをつなぐ「人生の大きな事件」と言っていい。後年、ヨーロッパを旅行した時、私は行く先々で出会う日本語の教授たちと、すぐに親しくなった。国籍や政治的見解がどんなに違っても、漢字を覚え、日本語の文法を学んだという共通の経験は、私たちを結びつける重要な絆《きずな》となっていた。

語学校で使われた教科書は、日本駐在の米国海軍士官に日本語を教えるために、長《なが》沼直兄《ぬまなおえ》が数年前に作成したものだった。これまで勉強してきた子供用の教科書や、日本語の読解力をつけることだけを狙った教科書と違って、今度の教科書は語学校での包括的な教授法にふさわしいものだった。私たちは戦時に役立つ翻訳者や通訳になるわけだが、そのためには単に軍事的なことだけでなく、出来るだけ完全かつ多様な日本語の知識が必要とされた。いつだったか真珠湾の翻訳局に、誰かが謎めいた日本語の暗号のようなものを持って入ってきたことがあった。私には、それが前に先生の家で見たことがある尺八の譜面であることがわかった。

私たちは語学校で一所懸命勉強したが、上達したからといって特別に報奨があるわけではなかった。語学校を卒業した者たちは、毎週のテストの点数に関係なく全員が語学将校に任官した。他の若者たちが国のために命を捧げようとしている時、たぶん私たちにも戦時には最善を尽くさなければという愛国的な気持があったに違いない。しかし、私たちが勤勉だったもっと重要な理由は、自分の大学が最高であることを証明したいという学生一人一人の競争心にあったのではないかと思う。

十一カ月後、私たちは卒業した。その後のグループは十八カ月かけたが、私たちは軍務に急を要するのだと言われた。すでに私たちは印刷された日本語だけでなく、簡単な草書も読むことが出来た。また手紙や短い報告書を、日本語で書くことが出来た。私は卒業生総代として、日本語で約三十分間にわたって「告別の辞」を述べた。そう、一年前は一言半句しゃべることが出来なかった日本語で——。

8 戦死した日本兵の日記に感動

一九四三年二月に海軍語学校を卒業した者の多くは、真珠湾へ派遣された。私たちをサンフランシスコからハワイへ運んだ船は、以前は客船だったが今は古びて汚かった。これまで乗った中で最悪の船で、私が船酔いしたのもこの時だけだった。この航海で、自分が海軍士官に向いていないことを思い知らされた。ついに船がハワイに到着した時、陸地の上を船の揺れを感じないで歩けるようになるまで一週間かかった。

真珠湾では、押収《おうしゅう》された日本語の文書を翻訳する部署に配属された。任務に就いた初日、私たちは現役の海軍大尉から訓示を受けた。大尉が私たちを見る眼は軽蔑以外のなにものでもなく、海軍について何も知らない私たちが自分と同じ軍服を着ることを許されている事実を、明らかに不快に思っているようだった（語学校を卒業して、私たちは初めて軍服を着た)。大尉は、次のように告げた。諸君が携わる仕事は軍事機密に属するものである、自分としては、その機密を外部の者に漏《も》らした者が絞首刑になるのを最後まで責任を持って見届けるつもりだ、と。

こうした愉快この上ない訓示を耳の中にこだまさせながら、私たちは与えられた文書を翻訳する仕事に取り掛かった。最初の数日間は、自分がやっている機密の仕事が戦争を終結させるのに役立つのではないかと思って興奮した。しかし、文書はどう見ても価値がないものばかりで、強く高揚した気分は長くは続かなかった。文書は、南太平洋にあるガダルカナル島で採集されたものだった。島を占領していた日本軍とアメリカ軍との間で、長期にわたる戦闘が行なわれ、アメリカ軍が最終的に島を奪還することに成功した。この時期、すでにガダルカナルの戦闘は終了し、そこにいた日本人は殺されていた。しかし、私たちはもはや存在しない小隊に関する日課の報告書や、彼らが所持していた用紙やインク瓶の数量に関する判で押したような明細書を翻訳し続けた。

こうした資料の翻訳はあまりに退屈だったので、それを楽しい仕事にするために、日本語の文書を古風な英語に訳したり、通俗小説の文体で訳したりした。日本語がわかる大尉は、翻訳に眼を通すことがあった。大尉は私たちを呼びつけ、怒り狂って「間違い」を指摘し、私たちの英語を海軍英語に訳し直した。

ある日、押収された文書が入っている大きな木箱に気づいた。文書からは、かすかに不快な臭《にお》いがした。聞いた説明によれば、小さな手帳は日本兵の死体から抜き取ったか、あるいは海に漂っているところを発見された日記だった。異臭は、乾いた血痕から出ていた。手帳に触れるのは気味悪かったが、注意深く血痕のついてなさそうな一つを選び出して、翻訳を始めた。最初は、手書きの文字が読みにくかった。しかし、今まで訳していた印刷物や謄写版《とうしゃばん》で刷られた文書と違って、これらの日記は時に堪えられないほど感動的で、一兵士の最後の日々の苦悩が記録されていた。

アメリカ軍の兵士は、日記をつけることを禁じられていた。敵が日記を手に入れた時に、戦略的な情報を提供してしまう恐れがあったからである。しかし日本の兵隊や水兵は、新年ごとに日記を支給され、日々の考えを書き留めることが務めとされていた。彼らは上官が日記を検閲《けんえつ》することを知っていて、それは日記に記された感想が十分に愛国的かどうか確かめるためだった。そのため兵士たちは、日本にいる間は日記のページを愛国的な常套句《じょうとうく》で埋めたものだった。しかし、自分が乗船している隣の船が敵の潜水艦に沈められたり、南太平洋のどこかの島で自分が一人になってマラリアにでも罹《かか》れば、なにも偽りを書くいわれはなかった。日記の筆者は、自分が本当に感じたことを書いた。

日本人兵士の日記には、時たま最後のページに英語で伝言が記してあることがあった。伝言は日記を発見したアメリカ人に宛てたもので、戦争が終わったら自分の日記を家族に届けてほしいと頼んでいた。禁じられていたことだが、私は兵士の家族に手渡そうと思い、これらの日記を自分の机の中に隠した。しかし机は調べられ、日記は没収された。私にとって、これは痛恨の極みだった。私が本当に知り合った最初の日本人は、これらの日記の筆者たちだったのだ。もっとも、出会った時にはすでに皆死んでいたわけだが。

翻訳局で働き始めて数カ月たったある日、私は一つの作戦に派遣されることになった。同行するのはオーティス・ケーリで、ケーリが私を相棒に選んだのだった。ケーリは父親が宣教師をしていた北海道の小樽《おたる》で育ち、そこの小学校に通ったから、まったく外国訛《なま》りのない日本語を話した。しかし書かれた日本語に関する知識は、たぶん私ほどではなかった。相棒として、二人はうまい組み合わせだった。

私たちは、飛行艇でハワイを発った。この種の飛行機は戦前、太平洋横断の贅沢な航路に使われていた。戦前の快適な装備はすべて剝《は》ぎ取られ、リクライニング・シートの代わりに私たちが坐ったのは、固い金属の椅子だった。軍用機に乗るのは、初めての経験だった。飛行艇はサンフランシスコ湾に着水し、そこから私たちはサンディエゴに向かった。着任の報告をした際に告げられたのは、豪華なホテルに部屋が取ってあること、さしあたって特別な任務は何もないということだった。私たちがこの先どこへ向かうか、いつ出発するかについては何も指示がなかった。しかし、誰かがそれとなくほのめかしたところによれば、私たちの行く先では戦前の海軍の礼儀作法が守られていて、白い軍服をたっぷり用意しなければならないということだった。白い軍服を着るのは、当然暑い国に決まっていた。

ケーリと私は、自由に好きなことをして楽しんだ。ある日、メキシコのティファアナまで旅行し、そこで最初で最後の経験として競馬を見た。私の手元にはまだサンディエゴ公立図書館の入館カードが残っていて、これは当時、本を読む時間がたっぷりあったという証拠である。サンディエゴでの滞在は確かに快適だったが、戦時には非現実的なような気がした。ついに命令が下され、私たちはサンペドロへ行き、そこで乗船した。船はペンシルヴェニア号で、一九一六年に就役して以来長年にわたって軍務を果たしてきた戦艦だった。ケーリと私は「老船長の食料貯蔵室」と呼ばれる小さな船室をあてがわれ、そこを他の四人の尉官と共有した。ケーリも私も海軍のことは何も知らなくて、船が実際に航海に出るまで、どちらが船首でどちらが船尾かもわからなかった。私たちは、船長専用のデッキを散歩するという間違いを仕出かした。

白い軍服ということから考えて、当然南へ行くものだとばかり思っていた。しかし、船が進むにつれて大気は間違いなく冷たくなっていった。この期に及んでも、まだ私たちはどこへ向かっているか知らされなかった。ある夜遅く、ケーリと私はたたき起こされ、無線室に急行するように言われた。私たちは、まったくの暗闇の中を走った。通信士官は、「日本人の声をキャッチした」と言った。私たちは耳を傾けたが、その言語は間違いなくロシア語だった。これが、船上でやった私たちの唯一の任務だった。しかし戦争が終わった時、私たちを含めてペンシルヴェニア号の全乗組員は、同船の目覚ましい功績のため叙勲された。

四月三十日、寒いアラスカにふさわしいコールド・ベイと呼ばれる場所で、私たちはペンシルヴェニア号から軍用輸送船に乗り換えた。すでに、熱帯地方に向かっていないことだけは極めて明白だった。しかし輸送船に乗って初めて、アッツ島上陸に参加することを知った。そこは、日本人が占領していた島だった。私たちはまだ夏用の軍服を着ていたが、輸送船に乗っている陸軍の兵隊たちは冬用の装備だった。暖かい服が欲しいと要求したが、海軍の人間には何も与えられないという答えが返ってきた。お蔭でケーリと私はアッツ島に上陸した時、まだ雪が一面に広がっている中で、夏の軍服を着てぶるぶる震えていたのだった。

輸送船の上で、陸軍の日系二世の通訳に会った。彼らは、海軍の通訳は無能だと聞かされていた。しかしケーリの流暢《りゅうちょう》な日本語を聞いて、考えが変わったようだった。これら陸軍の通訳と話してみて、私は海軍がなぜ日本語学校を設立したか、初めて気づいた。それは海軍が日系アメリカ人を信用していなかったからだった。海軍は、日系二世を一人たりとも入隊させなかった。だから、日系人でない通訳が必要だったのだ。日系二世は陸軍で多くの機会に自分たちの忠誠を示したが、海軍は彼らに軍務で死ぬ機会さえ与えなかった。

9　アッツ島攻撃、「戦争」初体験

アッツ島攻撃は、五月初旬に始まる予定だった。しかし、島を取り巻く霧があまりに濃いため、上陸は二週間延期された。アメリカ軍の船は島の周囲を航行しながら、霧が晴れるのを待った。日本の駐屯《ちゅうとん》部隊はアメリカ軍の攻撃が間近いことを察知して、すでに警戒態勢を取っていた。しかし何も具体的な動きがないため、諜報《ちょうほう》が間違っていたと判断したようだった。お蔭でアメリカ軍の上陸は、無抵抗のうちに行なわれた。

私たちは船から縄梯子《なわばしご》で降り、浜へ向かう上陸用舟艇に乗り移った。私は、勇敢な人間ではなかった。しかし、そんな私でもまったく危険を感じないでいた次の瞬間、断末魔の悲鳴が耳に飛び込んできた。私たちの前を行く上陸用舟艇の前方部分のタラップが、浜に着く前に開いて落ちてしまったのだ。兵隊たちは、氷の海へ投げ出された。初めて知った「戦争の味」が、これだった。

私たちの上陸用舟艇は無事、浜にたどりついた。上陸後、まず何をするかは誰からも指示が出ていなかった。しかしある兵隊が、近くを流れる川の向こう岸にすでに日本人捕虜がいると言った。私たちは、その方角へ向かった。途中、日本兵の死体を見た。生まれて初めて見る人間の死体だった。ショックだった。私たちは寒さに震えながら、なおも歩き続けた。足を運ぶごとに、足元から凍土《ツンドラ》の氷のような水が滲《にじ》み出た。捕虜は、いなかった。

アッツ島で過ごした数週間を今思い出すと、まず浮かんでくるのは寒さと霧である。押収した文書を翻訳していると、鼻から絶えず水っ洟《ばな》が流れてきて、筆記の邪魔をしたものだった。私たちはなんとか暖かい衣類を手に入れたものの、絶え間ない寒さに夜もなかなか眠れなかった。島の景色は、霧でほとんど見えなかった。一昨年、日本のクルーズ客船の船上から再びアッツ島を見た。奇跡的によく晴れた日で、アッツ島が美しいことを知って私は驚いた。

アッツ島は最初の「玉砕《ぎょくさい》」の地で、アメリカ人はこれを「バンザイ突撃」と呼んでいた。五月二十八日、島に残留していた千人余の日本兵がアメリカ軍めがけて突撃を開始した。アメリカ軍は、かくも手ごわい抵抗のあることを予期していなかった。日本兵は、ややもすればアメリカ軍を蹴散《けち》らしそうな勢いを見せた。しかし結局は勝利の望みを捨て、集団自決を遂げた。多くは自分の胸に、手榴弾《しゅりゅうだん》を叩《たた》きつけたのだった。私には、理解できなかった。なぜ日本兵は、最後の手榴弾をアメリカ兵に向かって投げずに、自分を殺すことに使ったのだろうか。

日本人捕虜は二十九人だけだった。一人は小樽出身だった。簡単な尋問をした後、ケーリはその捕虜と懐旧談にふけった。小樽について話せる相手が見つかって、ケーリはすごく幸せそうだった。小樽は、どんなアメリカの町にも増してケーリの本当の故郷だったのだ。

私たちは船でアッツ島を離れ、そのままサンディエゴへ向かうとばかり思っていた。しかしエイダックで停船した時、海軍の諜報部員が乗船してきて、私たちが必要だと言った。やむをえず私たちは、この荒涼《こうりょう》とした島に上陸した。

エイダック滞在中、私は一日約十二時間にわたってアッツ島での押収文書を翻訳した。ケーリは大半の時間を、捕虜の尋問に費やした。ケーリと私は一日二十四時間、数メートルの範囲内にいたが、お互い苛々《いらいら》したことがなかった。二人が、友人である証拠だった。

八月、アメリカ軍はキスカ島を攻撃した。これも日本軍が占領していた島だった。数週間にわたって、写真分析班は日本の部隊が動いている形跡は何もないと言い続けてきた。彼らの判断では、日本軍はすでに島を離れていた。しかし偵察機の操縦士たちは、現在も高射砲の攻撃を受けていると主張した。操縦士の言葉が信用され、作戦は予定どおり進められた。上陸直前になって、ケーリと私は真っ先に上陸するように命じられた。日本兵が事実残っているかどうか、確認するためだった。これは、決死隊の任務に等しかった。幸運なことに、操縦士は間違っていた。島には、一人の日本兵もいなかった。私たちは、地下の司令部を見つけた。テーブルのまわりに置かれた座布団は、アメリカ国旗で作られていた。黒板には英語で、「おまえたちは、ルーズヴェルトの馬鹿《ばか》げた命令に踊らされている」と書いてあった。

私たちに続いて、アメリカの部隊が上陸した。戦うべき相手がいなくて、誰もがほっとした。しかし数日後、別の衝撃が私たちを襲った。海軍の通訳の中でも一番無能な男が、標識を見つけたといって私のところへ持ってきた。「もちろん大体の意味はわかるが、幾つか不確かなところがあるのでね」と言うのだった。標識の文字は、この上なく明快だった――ペスト患者収容所。ペストの血清《けっせい》を送るよう要請する電文が、急遽《きゅうきょ》サンフランシスコへ向けて打たれた。それからの数日間というもの、私たちはペストの証拠である斑点が現れていないか不安な面持ちで身体を眺めまわしたものだった。その後何年もたってから、キスカに駐屯していた日本軍軍医の妻が明らかにしたところによれば、彼女の夫はアメリカ軍が見つけることを予期して、その標識を書いた。つまり、冗談だったのだ。しかし、誰も笑わなかった。

キスカから、私たち海軍の通訳は弾薬運搬船でハワイに帰還させられた。弾薬運搬船は、常に一隻だけで航行した。船上で爆発が起きれば、周囲数キロメートルにいる船はすべて壊滅することになるからだった。こうした危険を堪《た》え忍《しの》ぶ乗組員に対する報償として、毎晩映画が上映された。座席は、船倉にある十六インチ砲弾の上だった。映画は二本しかなく、それを交互に見せられた。一本は忘れたが、あとの一本は「カサブランカ」だった。私たちは、十五回ほどそれを見た。毎度の食事の列に並んで待つ水兵たちの口からは、「カサブランカ」のセリフが次から次へと、それこそ口をついて出てきた。ついに水平線の彼方にハワイが姿を現した時、私は、そのかぐわしい香りを嗅いだような気がした。なにせアリューシャン列島には花も樹木もなく、あるのは凍土だけだったのだから——。

私が真珠湾を留守にしていた間に、新しい翻訳局がホノルルに設置されていた。そこに配属されていたのは海軍士官と陸軍士官で、後者は全員が日系二世だった。おそらく海軍は、たとえアメリカ陸軍の軍服を着ていようとも、日系二世が真珠湾の海軍基地に入ることを拒否したのだろう。そのため、新たにホノルルに翻訳局が設置されたのだ。そこが翻訳局であることを隠蔽《いんぺい》するため、通りに面したウィンドウには家具が展示され、店が一時休業であることを告げる標示が出ていた。しかしながら、近くの座布団工場で働く若い女工さんや、通りの向かいにあるレストランのウェイトレスたちにしてみれば、三十人もの日系二世の兵隊が何か秘密の作業をやっているに違いないことは容易に想像できることだった。

指揮官は陸軍少佐で、実に不愉快な男だった。お蔭で私たちは、団結して彼に対抗することが出来た。少佐が私たちを召集する時を除けば、ここは働くのに快適な場所だった。ここでは、手書きの日本語の文書——主に日記と手紙——だけが翻訳された。私には、自分たちのやっている翻訳が一秒でも戦争の終結を早めるとは思えなかった。

しかし日記を読むことは、日本語の学者として私自身を教育する上で貴重な経験となった。

週に一日、休暇があった。私は、この一日を使ってハワイ大学で日本文学を勉強することにした。一学期は毎週、近代小説を読み、日本語で感想文を書いた。二学期は教授を説得して、ほかの学生たちと一緒に『源氏物語』を読んだ。すでに私は、日本語を読む自分の能力に自信を持ち始めていた。しかし、『源氏物語』を読む用意はまったく出来ていなかった。一行読むのに、一時間ないしはそれ以上かかった。

私は、五人の海軍通訳官とホノルル市内の一軒家に同居していた。ホノルルに住むのが気に入っていた私は、ニューヨークに戻りたいとは全然思わなかった。しかし、妻子と別れて寂しい思いをしている同僚たちにとっては、そうではなかった。翻訳局の仕事の単調で楽しい雰囲気が時に一変することがあって、同僚の何人かが作戦に駆り出されては、日焼けした顔で戦争の土産話を持って帰ってきた。私は戦争が嫌いだったが、もっと戦争を経験しなければならないと思った。そうすることで戦争に対する理解が深まり、たぶん戦争について書くことが出来るようになるはずだった。

ある日、海軍の通訳一団が真珠湾の司令部に召集された。私たちが告げられたのは、間もなく沖縄に向けて出発するということだった。私は思わず、息を呑んだ。これまでアメリカの戦略は、太平洋の島を一つ一つ攻略していくことにあり、日本はまだまだ遠い彼方にあった。日本にたどりつくことなど、とても出来ないような気がしていた。しかし沖縄は、日本の一部ではないか！　発表に続いて、沖縄の毒蛇に関する軍医の報告があった。私たちは、間違いなく危ない場所へ行こうとしているのだった。

10　沖縄、神風特攻機で「死」と遭遇

ハワイから飛行機でフィリピンへ飛び、そこで沖縄へ行く船に乗ることになった。レイテ島は、ほんの数カ月前まで陸海の主要な激戦地だった。しかし、そこにはすでに椰子《やし》の葉で編まれた建物が将校クラブとして立っていた。クラブにはたいして興味がなかったので、すぐそこを出て日本人捕虜が収容されている柵囲《さくがこ》いの方へ向かった。通りがかりのトラックに、柵囲いまで乗せてもらった。私を拾ってくれたフィリピン人の運転手は、戦闘を生き延びた日本人がいることを知って腹を立てているようだった。事実、かなりの数の日本兵がレイテ島で投降した。彼らは、ハワイで知っている捕虜たちよりも暗い感じがした。たぶん、生きて捕虜となった自分をまだ許していなかったからだったと思う。あるいはその中にミンドロ島で捕虜となり、レイテでの

収容所体験を忘れ難い文章で書いた大岡昇平がいたかもしれない。

レイテに集結した艦隊は、世界の海軍史上最大規模と言われ、大小取り混ぜて千三百隻以上から成っていた。それは確かに、とてつもなく強大だった。しかし私たちがやがて思い知ったように、身を捨てて体当たりしてくる日本の戦闘機の攻撃にはもろかった。私は、第二次世界大戦の最後の激戦地が沖縄になるとは予測していなかった。しかし、それが太平洋で行なわれた他のいかなる戦闘とも違ったものになることはわかっていた。沖縄戦は、大勢の民間人を巻き込む最初の戦闘となるはずだった。たまたま、ハワイに居住している日本人の中で私と最も親しい友人たちは沖縄系だった。自分がハワイで知っている人々と同じ顔をした多くの民間人が、アメリカ軍の来襲で死ぬことになるのだという思いが私の頭から離れなかった。

沖縄上陸前、一度だけ死と間近に遭遇した。ある朝早く、デッキに立っていた私は、空に黒い点のようなものを見つけた。それは、ぐんぐん大きくなっていくように見えた。しばらくして、それが神風特攻機であることに気づいた。明らかに特攻機は、船団の中で最大の輸送船である私の船を狙っていた。特攻機を見つめたまま、私は動けなかった。急降下してきた特攻機が隣の船のマストのてっぺんにぶつかり、水中に突っ込んでいかなかったら、たぶん私は殺されていただろう。操縦士のわずかな計算ミスが、私の命を救ったのだった。

上陸は、一九四五年四月一日に決行された。まったく意外なことに、抵抗はほとんどなかった。日本軍の司令官は島の北半分を断念し、南部に戦力を集中することにしたのだった。上陸した浜には複数の民間人がいて、その中に腕に赤ん坊を抱え、小さな子供を連れて、あてもなく歩きまわっている女がいた。女は、危険に気づいていないようだった。私は安全な場所に連れていってあげると言ったが、女はまったく注意を払わなかった。ついに私は、子供を抱き上げ、負傷者を収容する囲いの方へ運んでいった。女は繰り返し何か言い続けていて、私にはそれが理解できなかった。多くの沖縄人、特に女性は日本語を話すことも理解することも出来ないということを、私は知らなかった。

その日遅く、通訳を一人手に入れた。学校に通っていたことのある九歳か十歳の少年で、上手な日本語を話した。私たちは洞窟《どうくつ》を片端から歩きまわり、中に誰か隠れていないか呼びかけた。何人かの民間人が、洞窟の中から出てきた。その多くは哀れな老人で、いったい何が起こったのか戸惑《とまど》っている様子だった。

ほどなく、私たちは最初の捕虜を捕まえた。一人は陸軍中尉、もう一人は海軍少尉だった。陸軍の将校は実に陽気な男で、自分を捕まえたアメリカ兵と冗談を交わすほどだった。戦後、彼から手紙をもらったが、その中で自分を「捕虜第一号」と名乗っていた。海軍の将校はもっと若かったが、憂鬱《ゆううつ》そうな男だった。私は、彼が生きて捕虜となったことを恥じているのだと思った。彼は簡単な質問に、渋々答えているように見えた。しかし数日後、この海軍将校は、私に敵としてでなく、お互い学徒兵として話してくれないかと頼んできた。私は承知した。彼が尋ねたのは、このまま自分が生き続けなければならない理由が何かあるだろうか、ということだった。捕虜がこうした質問をぶつけてくるのは、これが初めてのことではなかった。私はまだ二十三歳の若僧で、本から得た知識を除けば世界について何も知らないに等しかった。しかし、自信を持って答えた。生きて、新しい日本のために働くように、と。

だいぶたってから、彼が生きて東京にいることを知った。私は会えたら嬉しいということを間接的に伝えたが、返事は来なかった。私たちに話すことは何もない、と彼は判断したのかもしれなかった。確かに三十年前に会った有刺鉄線をめぐらした殺風景な柵囲いは、懐旧の情を誘う思い出とは言い難かった。

沖縄には、大勢の捕虜がいた。一枚の写真が手元に残っていて、私は地面に片膝をついて捕虜と話している。私よりも捕虜の方が、遥かに陽気そうに見える。この写真がどこで撮られたものか、また捕虜が私に何を話したかは覚えていない。しかしこれは、学究生活に引きこもってしまったとはいえ、私がかつては荒れ果てた戦場で捕虜を尋問したことがあるという証拠である。

捕虜を尋問する著者　1945年7月20日付のアメリカ海軍の新聞に掲載された。

第九十六歩兵師団が語学将校を求めていることを知って、私は志願した。人生で初めて、私は部下を持ったのだった。指揮下に入ったのは、十人ほどの日系アメリカ人通訳だった。まず、自分は海軍将校ではあるけれども日本語を十分に知っているのだ、ということを皆に示さなければならなかった。しかし、ほどなく私たちは友達になった。ただやっかいなことに、私は命令の出し方を知らなかった。かりに危険な地域に行かなければならない時でも、なんとか言える一番強い口調の命令は、「誰か、私と一緒に前線へ行きたい人はいますか」だった。

沖縄での戦闘は、何カ月も続いた。私はほとんど危険な目に遭わなかったが、夏の暑熱がじりじりと強くなるにつれて、いたるところで畑のキャベツの腐った臭《にお》い、腐乱した死体の臭いがした。すでに私は戦争の顔を見て、その匂いを嗅《か》いでいた。それは、子供の頃から私が怖がっていたことなのだった。

私は約千人の捕虜を乗せた船で、沖縄を離れた。捕虜の半分は日本兵か沖縄人防衛隊の民兵、あとの半分は朝鮮人労働者だった。捕虜の中には、ハワイへ向かう途中で死んだ者もいた。彼らは、キリスト教の埋葬法に従って海に葬られた。

船がサイパンに寄港した際、乗組員の一人の手違いから船倉に海水が入ってしまった。私たちは、修理が完了するまで待たなければならなかった。将校クラブでの一夜、隣の島ティニヤンから来た酔っ払いの操縦士が、戦争はあと一カ月で終わると言って、皆と賭けをしていた。馬鹿げた話だ、と思った。私の確信するところでは、戦争はまだ何年も続き、たぶん永遠に終わらない。そして私は、軍服を着たまま死ぬのだった。それに、操縦士の間違った証言のために無駄なキスカ島攻撃をやるはめになって以来、操縦士の言うことは信じないことにしていた。しかし、この操縦士は知っていたのだ。

数週間後に、広島の人々と全世界が知ることになる秘密を――。

船の修理が終わると、私たちは帰航の途についた。ハワイに到着したのは、八月だった。五人の将校と同居している家に戻れて嬉しかったし、私たちはお互いの体験を語り合った。その夜、奇妙な夢を見た。新聞配達の少年が、号外を叫んでいた。これはおかしなことで、戦時中のホノルルにはこうした新聞配達の少年はいなかった。しかし翌朝、ラジオをつけた時、広島に原子爆弾が落とされたことを知った。

私は真珠湾の司令部へ行き、帰還を報告した。司令官は、「すでに貴官は海外勤務を十分にこなした。従って、帰郷休暇を取る資格がある」と告げた。しかし続けて、次のように尋ねた、「代わりに、日本へ行く気はないか」。明らかに、原子爆弾で日本が降伏することを見越しての質問だった。少し考えさせてほしい、と私は答えた。

私は、捕虜収容所へ行った。捕虜たちもまた、原子爆弾のことを聞いて知っていた。私に祝福を述べる者もいたが、私は悦に入る気分ではなかった。捕虜たちがどんなにみじめな気持でいるか、想像できた。祖国の敗北が間近に迫っていることを、誰もが自覚していた。いつしか、捕虜たちは散っていった。たぶん、独りになりたかったに違いない。しかし、その場に残った捕虜が一人いた。それまで私たちは、言葉を交わしたことがなかった。彼は、次のように言った。多くの捕虜は、日本に帰って恥をさらすのは忍びないと思っている、しかし自分は違う、日本の再建を助け、日本をもっとよい国にしたいと強く願っている。そして私に、日本語がわかる者として手を貸してほしい、と頼むのだった。最初、私はだめだと言った。日本人は、自分自身の手で祖国を再建しなければならないと考えたからだ。しかし次第に、彼の思いつめた真剣な表情に押し切られる思いがした。こうして私は、その夜、西太平洋へ向けて出発することになった。やがて自分が、日本の地を踏むことを期待して——。

11　終戦後の青島、その喧騒と腐敗

今にも戦争が終わるのではないかと期待してグアムに到着した私は、案に相違して原子爆弾がもう一つ落とされたことを知った。今度は、長崎だった。二度目の爆弾の投下を、トルーマン大統領が「嬉々として」発表したと聞いてショックだった。この爆弾を正当化する理由は、何も考えられなかった。しかし数日後、日本から重要なラジオ放送があるという報せが入った。私たちは、それが戦争を終結させる発表かもしれないと思った。放送の内容が理解できないといけないと思い、私は三人の捕虜を連れていった。

有名な玉音放送は、聴き取りにくかった。天皇の声はかろうじて聞こえる程度で、雑音がひどかった。聴き取れた言葉もあったが、それだけでは果たして天皇が戦争を終結させようとしているのか、それとも最後の勝利までさらなる苦しみに耐えることを日本国民に呼びかけているのか、わからなかった。しかし、三人の捕虜の眼に涙が浮かんだのを見た時、私は天皇の言葉の意味を知ったのだった。

数日後、グアムにいる通訳の中から数人が命令を受け、日本へ派遣された。ほどなく彼らから手紙が来て、そこには東京が信じられないほどの壊滅状態になっていると書いてあった。誰もが手紙の中で触れていた一番陽気な話題は、日本人が煙草と引き換えに、自分の所持品を何でも放出するということだった。数人の通訳は、宝物でも手に入れるつもりで煙草を何カートンも蓄え始めた。

日本に派遣される順番が来るのを今か今かと待ちかねたが、そういうことにはならなかった。私は、上官と仲が悪かった。私が上官のことを嫌いだったのは、たぶん彼が日本人の血を一部引いているせいか、自分が百パーセント米国人であることをぜひとも証明したがって、日本人に同情のかけらも示さなかったからだった。上官が私のことを嫌っていたのは、私が彼の冗談に一度も笑ったことがなかったからだと思う。今まさに彼は、報復の機会を得たのだった。私が何としてでも日本へ行きたいと願っていることを百も承知の上で、中国へ派遣した。

これには、本当にがっかりした。しかし私は中国語を勉強したことや、東アジア文明との初めての出会いが中国であったことを思い起こして自らを慰めた。配属されたのは、第六海兵師団だった。師団が中国へ行くに際して、中国語だけでなく日本語の通訳を必要としたのだった。陸軍はアッツ島でも沖縄でも、私が海軍の徽章のついた軍服を着るのに反対しなかった。しかし海兵隊は、あくまで海兵隊の格好をすることを主張した。私は、なんだか詐欺《さぎ》のような気がした。背が低く、やせて、近眼の男が、屈強ぞろいの海兵隊員に成りすますなんて——。

グアムを出発したのは、九月末になってからだった。私が所属する海兵師団司令部は、本隊より先に駆逐艦で青島《チンタオ》に到着した。到着前夜、私の乗った駆逐艦は暴風雨に遭って、激しく揺れた。私は必死で寝台脇の手すりに摑まり、ベッドから振り落とされないようにした。

翌朝、空は洗われたように晴れ渡った。海から見た青島は、巨大な絵葉書のように見えた。私は、上陸第一陣の中にいた。私が指示されたのは、インターナショナル・クラブへ行くことだった。地図でクラブを見つけることが出来なかった私は、中国語で方角を聞く言い方を思い出そうとしていた。そこへ二人の中国人将校が近づいてきて、私にインターナショナル・クラブへ案内してくれないかと英語で尋ねた。ほどなく私たちは、その建物を見つけた。それは第一次世界大戦前、ドイツが青島を植民地にした時に建てられた巨大な建物で、十九世紀末の建築様式だった。数人のアメリカ人操縦士が、すでにクラブの二階に住んでいた。私は空いている簡易ベッドに荷物を置き、外へ出た。

通りに出た途端、私は喧《やかま》しく叫ぶ男たちの群に取り囲まれた。それは、人力車に乗ってくれとせがむ車夫たちだった。それまで私は、この眼で人力車というものを見たことがなかった。しかし人力車は、中国に進出した西洋人の最も醜い面を象徴的に示すものだと考えていた。よく写真で見かけたのは、熱帯用のヘルメットをかぶった外国人が、中国人の引く人力車に偉そうにふんぞりかえっている姿だった。しかし、ほかにどうしていいかわからなかった私は、その一台に乗り、車夫にまっすぐ行くよう身振りで示した。車夫にとって楽だろうと思って、私は出来るだけ前かがみになった。これは実は最悪の坐り方で、奥深くゆったり坐った方が車夫には楽なのだった。同じ人間に車を引かせているのを恥じた私は、強く握った手すりに爪《つめ》を食い込ませていた。乗っている間、私は通りにいる人々の注目の的となった。子供たちは人力車の後を走りながら囃《はや》し立て、京劇の伝統的な衣装と付け髭をつけた俳優の一団は私を見て歓声を上げ、日本兵の作業班もそれに倣《なら》った。戦後の東京の食料不足について読んだ記事と違って、青島の通りに並ぶマーケットには、どこも食料や煙草、衣類、鍋や釜の類《たぐい》が溢れていた。高価な美術品と煙草を交換したがる者は、ここにはいなかった。

人力車から降り、車夫に幾らかのアメリカ・コインを与えた私は、あてもなく通りをぶらつき始めた。人力車に乗っている時の憂鬱な思いは消え、気分が高揚するのを覚えた。自分は今、中国にいるのだ！　英語を話す中国人陸軍将校が私に付き合って、店を案内してくれた。私は自分のために中国服と中国の靴、そして翡翠《ひすい》の指輪を買った。「顔以外、すべて中国製だね」と、その新しい友人は言った。

翌日、日本軍司令部を訪ねた私は、日本の将校にどう話しかけていいかわからなかった。青島の日本人は、まだ正式には降伏していなかった。実のところ、アメリカ人が内地へ向けて鉄道を開拓していくには、いずれ彼らの助けが必要だった。すでに祖国が敗北したとはいえ、彼らは相変わらず戦時の態勢のままだった。私は敬礼し、彼らも敬礼を返した。

青島にいる日本軍の将校は今も事務所を占拠していたし、ほとんど何も変わっていないかのようだった。彼らは私を礼儀正しく扱ったばかりか、愛想もよかった。戦争は終わったのだ、お互い友人であっていけないということがあるだろうか。たとえばフットボールの試合が終わった後、敵同士だったチームが集まって共に楽しそうに酒を飲み、試合のことをあれこれ思い出す——言ってみれば、そんな雰囲気だった。

好調な滑り出しだった私の青島滞在は、数週間後には不愉快なものに変わった。通りはアメリカの水兵で満ち溢れ、この上なく醜く卑猥《ひわい》な品物を売りつける中国人たちが横行するようになった。やがて私は、この都市に蔓延《まんえん》している腐敗にも気づくようになった。いかにも教授然とした反アヘン同盟の会長が、実はアヘンの密売人だった。また、日本人を口汚くののしる中国人が、どうやら日本の占領のお蔭で甘い汁を吸っていた。腐敗の空気は、伝染しやすいようだった。あるアメリカ人将校は、美術品のコレクションを蓄えていた。それは日本人に、無事本国に戻ることが出来るように取り計らってやると約束した代償だった。誰もが自分の友人を告発することで、アメリカ人の機嫌をとろうとしていた。毎朝、事務所に行くと、そこには密告者が列をなしていた。

私が経験した中で最悪だったのは、戦争犯罪人の取り調べだった。ある日、一人の朝鮮人と話していた時、何かの拍子に私は自分が親しくしている日本人の海軍将校の名前を挙げた。朝鮮人は皮肉な笑みを浮かべ、こう言った、「そう、彼は素敵な男だよ、人間の肝を食べて、そのことを自慢しているからね」。びっくりした私は、それがどういう意味か問い質《ただ》した。これがきっかけとなって、これまでいろいろな罪で告訴された中国人たちが、どうやって処刑されたか調査することになった。容疑者たちは、裁判抜きで杭に縛り付けられ、銃剣の稽古台《けいこだい》にされていた。それは、若い初年兵の鍛錬のためだった。日本兵は時々、死体から臓器を切り取るという話も聞いた。

私は、戦犯調査の訓練を受けていなかった。この仕事は、特に自分の知人を巻き込むことになるので嫌だった。私は、帰国の許可を申請した。あと一ヵ月戦犯調査の職務を続ければ、北京《ペキン》に一週間行かせてやると言われたが、私は断わった。当時の北京を見なかったことを、今になって後悔している。それは、無残にも近代化される前の北京だったのだ。

私は青島から上海《シャンハイ》へ飛び、そこから東京へ向かった。

12　雪の舞う日光東照宮、そして……富士

　上海からの飛行機は日本の上を低空で飛んだので、景色がはっきり見えた。樹木がめったにない中国から飛んで来ると、日本は信じられないほど緑豊かに見えた。飛行機から見える中国の樹木は、せいぜい日本の神社の境内にはえている林のようだった。それが日本では、壁に囲まれていない村々がそのまま森の中へと溶けこんでいくように見えた。二つの国で、これほど違って見えることはなかった。

　飛行機が厚木《あつぎ》に到着すると、命令書を見せるように言われた。命令書には、「貴官は原隊に復帰せよ」と書いてあった。私は、これがハワイへの帰還を意味することを知っていた。しかし、日本を見ないでこのまま出発するのは、なんとも堪え難い気がした。日本は四年間というもの、私が毎日夢見ていた国だったのだ。私は、自分に言

い聞かせた、「戦争は終わったのだ。私が命令を無視したところで、誰が気にするものか」。私は将校に、自分の原隊は現在横須賀《よこすか》にあると伝えた。将校はこの説明を受理し、ほどなく私はジープに乗って東京へ向かった。

ジープから見た東京までの景色は、通常の予想を裏切るものだった。都心に近づくにつれて、建物は数を増していくどころか、逆に少なくなっていった。あちこちに見えるのは、家ではなく土蔵であり、ただの煙突だった。爆撃を免れたように見える建物も、近づいてよく見ると外壁だけの残骸だった。その荒廃ぶりは、私が想像していたより遥かにひどかった。

正規の命令書もなく東京に来た私は、どこへ行ったらいいかわからなかった。運よく、ある手紙から、語学将校の何人かが有楽町ビルヂングに宿営していることを思い出した。ところが私は、この町の名前「有楽」を「雄略」——つまり、角田先生の授業で読んだことのある古代の残虐な天皇の名前で覚えていた。そういう人物の名前が、東京の町名になっているのはおかしいと私は思った。しかし、なんとか無事に有楽町にたどりつくことが出来た。語学将校の一人が名古屋に行っていて、彼のベッドを使えばいいと言われた。

日本にいると思うだけで興奮したが、真っ先にやりたかったことは、美術館や劇場を訪れることでもなければ、名所旧跡に行くことでもなかった。もちろん、そのいずれにも惹きつけられていたのは事実だが——。私は捕虜の家族、また中国で私が知り合った日本人の家族に、彼らが無事であることを知らせたかった。たぶん友人たちの家族は、友人が名誉の戦死を遂げたという通知を公式に受けていたと思う。しかし、息子や夫が生きているということを知れば、家族はそのことを恥じるよりは嬉しいと思うに違いないと私は確信していた。

中国で最も親しかった友人の家族は、爆撃中に破壊された四谷《よつや》の豪華な邸宅だったと思われる建物の地下に住んでいた。私は、ある捕虜の家族を探して湘南《しょうなん》まで行った。この捕虜とは、何度も語り合ったことがあって、話題は戦争のことではなくて文学と音楽の話だった。残念なことに彼の苗字は佐藤で、比較的小さな町の中にも、たくさんの「佐藤」が住んでいた。「佐藤」の家を片っ端から探してまわる私の後から、小さな子供たちがぞろぞろ付いてきた。友人の家族は、ついに見つからなかった。

日本滞在中の一週間に、私が見物に出かけたのは日光だけだった。日本語の教科書の中に「日光《にっこう》を見ないうちは、結構《けっこう》と言うな」という一節があり、それが記憶に残っていた。ホノルルの昔の翻訳局にいた仲間の日系二世たちが、一緒に日光に行かないかと誘ってくれた時、私は喜んで承知した。私たちは、もちろんジープで行った。ジープは、アメリカの軍人が遠出をする時に使う典型的な乗物だった。かつて私は、この快適ではないが頑丈《がんじょう》な車に乗ってアリューシャン列島の凍土を横断し、フィリピンの森を走り抜けたのだった。

日光へ向かう道は大部分が寂れたままで、ほとんど標識もなかった。正しい方角へ進んでいるかどうか尋ねるために、何度もジープを止めなければならなかった。人々は、喜んで道を教えてくれているように見えた。この時期には、すでに田舎《いなか》に住んでいる日本人もジープを見馴《みな》れていた。私たちが村を通り抜ける時、子供たちは道端に並んで手を振り、私たちとジープに向かって歓声を上げた。どうやら、私たちが村に立ち寄ったことを喜んでいるようだった。

日光へ出発する前、夕食のための米を持参した方がいいと言われていた私たちは、持参の米を宿屋の主人に渡した。その夜、奇跡が起こった。宿屋の主人に渡した白米が、一夜にして玄米に変わったのだ。

翌朝、目を覚ました時、私の枕元にはうっすらと雪が積もっていた。私は、歩いて東照宮へ向かった。雪が軽く舞い、あたりはまったく人けがなかった。中学の制服を着た少年が近づいてきて、名所の建物を指さし、案内してあげようと申し出てくれた。少年は、こう言った、「戦争前、あるアメリカ人が陽明門を百万ドルで買おうとしたけれども、断わられたんだ。でも、もうアメリカ人は、お金を払わなくても陽明門が手に入るわけだね」。

私はその後二度ほど日光を訪ねたことがあるが、「結構」に見えたのは最初の時だけだった。すでに典型的な日本美の影響を受けていた私は、ごてごてと飾り立てられた日光に、もはや魅力を感じなかったようだった。おそらく一九四五年十二月の日光がとりわけ美しく見えたのは、けばけばしい彫刻の色彩が雪で和らげられ、しかも他に観光客が誰もいなかったからだと思う。

まる一週間、私は日本にいた。学者には一人も会わなかったし、大学も訪れなかった。歌舞伎は、アメリカの軍人は立入禁止だと言われた。私が接触した日本人は知らない人ばかりで、二度と会うことも考えられなかったが、誰もがたいへん親切にしてくれた。彼らは私を家の中へ招き入れてお茶を振舞ってくれ、ケーキの代わりに一切れのサツマイモをご馳走してくれた。私は床屋に行き、そこで若い女の理髪師が私の髪を刈り、髭を剃ってくれた。後で気がついたことだが、その気になれば彼女はいとも簡単に敵の将校の喉笛《のどぶえ》を掻《か》っ切ることが出来たのだった。しかし私は、これっぽっちも怖さを感じなかった。駅のプラットホームで、アメリカ兵と日本人の女が悲しみにくれながら別れを惜しんでいる姿を見かけたこともあった。日本人がアメリカ人に、あるいはアメリカ人が日本人に抱く憎しみのかけらさえ、私は感じたことがなかった。辛い戦争が終わって、まだ四カ月かそこらしか経っていないのだった。どうすれば人間の気持が、こんなにも早く変わってしまうことが可能なのだろうか、私は不思議だった。たぶん友情が人間同士の抱く普通の感情で、戦争はただの逸脱に過ぎないのだろう。

一週間後、海軍が自分のことを探しているのではないかと心配になり始めた。私は横須賀の司令部へ行き、自分が誤解していたことを報告した。原隊は、まだホノルルにあった、と。何の問題もなく、この報告は受理された。自分の原隊の所在がわからなくなる将兵が、かなり続出していたに違いない。ハワイ行きの飛行機の席がとれるまで、荷物が置けて寝られる場所を割り当てられた。

横須賀を出発する前日、本屋に行った。ハワイの捕虜たちへの土産に、何か近刊の本を探そうと思ったのだった。二人の老婦人が話しているのが、耳に入ってきた。一人が、相手に話していた、「私の娘は横須賀に住んでいたのよ、海軍工廠《こうしょう》から遠くないところにね。米軍機が日本の爆撃を始めた時、娘の連れ合いが横須賀は危険だからって、娘を甲府《こうふ》に移すことにしたの。甲府には軍事施設が何もなかったから、私たちもそこなら安心だと思ってね。ところが米軍機は毎晩のように甲府を爆撃して、横須賀の町には一発も爆弾を落とさなかったのよ」。

ある操縦士に、なぜ甲府がそんなに爆撃されたのか尋ねた覚えがある。彼は笑って次のように答えた、「東京へ直行する線上にあって見つけやすいし、あそこは、そんなに対空砲火がなかった。爆弾を落とすには、最も安全な地点だったからさ」。

翌朝、私は夜明け前に起こされ、東京湾の反対側にある木更津《きさらづ》へ向かうように言われた。私は急いで、指定された埠頭《ふとう》へ行った。しかし軍隊では、いつもそうなのだが、これは「急げ、そして待て」だった。船は一向に出航する気配を見せなかったが、ついに真っ暗な湾へと動き出した。デッキに立って、湾内を見渡していた時だった。目の前に突然、朝日を浴びてピンク色に染まった雪の富士が姿を現した。それは日本と別れを告げるにあたって、あまりに完璧すぎる光景だった。眼を凝《こ》らして見ているうちに、富士は徐々に色を変えていった。感動のあまり、私は涙が出そうになった。かつて誰かが、言ったことがあった。日本を去る間際に富士を見た者は、必ずまた戻ってくる、と。それが本当であってほしいと思った。しかし私が再び日本を見たのは、それから約八年後のことだった。

II

13　日本研究へ——自分の運を信じる

ハワイに戻ったのは、一九四五年のクリスマスの直前だった。二年間にわたって日本人の日記や文書を訳していた翻訳局に行ったが、もぬけの殻《から》だった。通訳たちの多くは、日本にいた。ハワイで私に会って唯一喜んでいるように見えたのは、捕虜たちだった。もちろん彼らは、すでに新聞を読んでいたし、日本で何が起こっているか、だいたい知っていた。しかし彼らは、詳しいことを知りたがった。私は捕虜たちの質問に答えようと努めたが、彼らが一番知りたいと思っていることを話してあげることが出来なかった。誰も、口に出して言ったわけではない。しかしそれは、いつ彼らが日本へ戻り、どのような迎え方をされるかということだった。

私は正式に海軍に除隊を申請し、ニューヨークへ帰る手続きをした。ある日、米国西海岸へ向かう輸送船の空母サラトガに出頭せよという報せが入った。のちにビキニ島の水爆実験で破壊される運命にあった空母サラトガは、私が海軍在任中に乗った中で最も快適な船だった。

サンフランシスコから、列車でニューヨークへ向かった。アメリカ大陸を横断した最初の旅の興奮は、すでになかった。私が唯一覚えているのは、旅の最後にあたるブルックリンまでの乗り慣れた地下鉄である。地下鉄の駅を出ると、男の子を連れた婦人が、重い荷物を持った英雄の帰還を見て、男の子にスーツケースを一つ持ってあげなさいと言った。しかし次の瞬間、それが彼には重すぎる荷物であることがわかった。

こうして私は、民間人としての生活に復帰したのだった。

母のために持ち帰った様々な土産物、たとえば中国の刺繍《ししゅう》、日本で誰かがくれた勇壮な弁慶の人形などを見せていた時、私は自分が初めての海外旅行から帰ったばかりの旅行者のような気がした。しかし私の宝物――青島の日本の将軍が、(添えた手紙にそう書いてくれたように)私が大和魂を持っているからと言って譲ってくれた日本刀――を取り出すと、母は悲鳴を上げ、そんな恐ろしい物を家の中に入れるわけにはいかないと言った。

おかしなことだが、私は海軍からの解放を待ち望んでいたにもかかわらず、退役後に何をするか、まったく考えていなかった。他の語学将校の多くは、海軍に入隊する前の仕事に戻るつもりでいた。しかし、私には職がなかった。日本語は知っていたが、これはたいした利点にならなかった。日本が戦前の地位を取り戻すには、少なくとも五十年はかかると一般に思われていた。語学将校の中には、東アジアの強国として日本に取って代わるのは中国だと見越して、中国語の研究に切り替える者もいた。日本語を学んだ者の大半は、日本語を使うことに対する興味をすっかりなくしていた。私に会うと、彼らは幾分誇らしげに、日本語は一語残らず忘れてしまったよ、と言った。あるいは自分が覚えている日本語の言い回し、たとえば「敵ヲ水際ニテ撃滅スベシ」といったような文句を、朗々と声に出して言ったものだった。

大学生だった私は、自分が何になりたいか、わからないでいた。あらゆる職業が、どれも等しく魅力なさそうに見えた。中国語の研究や、少し遅れて日本語の研究が、初めて仕事としての可能性を開き始めていた。しかし、具体的に日本語で何をしたらいいのか。アメリカのどこの大学も、日本の文学や歴史の教師は求めていなかった。見通しは暗かったが、このまま日本語の研究を続け、自分の運を信じることにした。

私を祝福して、よくまあ一九四六年の時点で、二十五年後の日本に経済的奇跡が起ることに気づきましたね、と言う人がいる。しかし私は、この奇跡をまったく予期していなかった。私が日本語を選択したのは、ただなんとなく自分が気質的に日本研究に合っていると感じたからだった。後年、ニューヨークの日本総領事館でヴィザを申請した時、若い副領事は次のように言った、「日本語の勉強をしたのは賢明でしたね。もっと競争の激しい分野では有名になることはなかったでしょう」。そう言われて、もちろん良い気持はしなかった。しかし、彼は正しかったかもしれない。

私はコロンビア大学に戻って、再び角田先生の下で勉強することにした。四年前よりは、先生が教室で取り上げる本を読める力がついていたし、また黒板に書く引用文を理解出来るようになっていた。ぜひとも角田先生の下で日本文学を研究したいという元語学将校が、四、五人いた。平安文学を読みたい者もいれば、仏教文学、さらに元禄《げんろく》文学をやりたい者もいた。日本研究の他の先生たちは、まだ日本で軍務に就いていた。そのため角田先生は、自分の専門である「日本思想史」の授業に加えて、これら三つの時代の文学をすべて教えなければならなかった。長い間大学を離れていた私たちは、がむしゃらに勉強したくてたまらない気持だった。元禄文学の授業で私たちは、たとえば西鶴《さいかく》の『好色五人女』全篇を通読した。日本以外で学生がこの作品すべてを読み通したのは、たぶんこれが初めてのことだったのではないだろうか。私たちは芭蕉の『奥の細道』も読んだし、近松の『国性爺合戦《こくせんやかっせん》』の一部も読んだ。

角田先生は、私たちに大いに酷使された。しかし、戦争から帰ってきた若いアメリカ人たちが、先生の祖国の文学に打ち込んで勉強する姿は、先生を元気づけたのではないかと思う。日本が戦争に敗れ、先生は憂鬱な気分でいた。おそらく先生は、アメリカが負けていたとしても同じように憂鬱になっていたに違いない。先生は日本の軍国主義にいかなる共感も抱いていなかったし、本国に送還されるよりはアメリカに留まる決心をした。しかし先生は、自分が生まれた国を忘れることは出来なかった。先生の悲劇は、二つの国を愛する人間だけが経験する悲劇だった。

大学院での角田先生の授業は、楽しいばかりでなく、私に将来の仕事のテーマを与えてくれた。私は修士論文に本多利明《ほんだとしあき》のことを書いたが、これは先生が興味を持ち、従って私も興味を持った徳川時代後期の独自の思想家だった。博士論文のテーマは『国性爺合戦』で、私はこの近松の作品を先生の指導で読んだのだった。後年、私は『徒然草』を翻訳することになるが、これは仏教文学の授業で私たちが読んだ作品

た。

私は自分の研究生活に満足していたが、やはり日本へ行きたくて仕方がなかった。これは不可能なことで、占領軍の方針によれば、日本への入国を認められていたのは実業家と宣教師だけだった。私は、日本と取引をしているニューヨークの様々な会社を訪問した。どこでも言われたことは、アメリカの会社は通訳を肉体労働とみなしていて、それ相応の給料しか払えないということだった。私のような人間を雇う仕事の現場では、日本人を使った方が遥かに安かった。一時は、戦犯裁判の通訳になることも考えた。しかし青島での経験を思い出し、ぎりぎりになってアメリカ政府からの申し出を断わった。

日本に行けないのであれば、中国へ行こうと思った。約六カ月間、中国語の会話の授業を受けて、かなり流暢に話せるようになっていた。ところが、同じクラスに父親が南京《ナンキン》で宣教師をやっている学生がいた。彼女が繰り返し私に伝えてくれたところによれば、彼女の父親は中国の不穏な状況について手紙に書いてきていて、そのような状況では研究に従事することなど、とても不可能だと言うのだった。その忠告をもっともだと思った私は、中国行きの計画を諦めた。しかし私にそう言っておきながら、彼女自身は北京へ行き、そこでスパイとして告発された。何カ月も独房の壁に鎖でつながれ、いつ処刑されるかと毎日生きた心地がしなかったそうである。

中国行きを諦めた私は、次にハーヴァードはどうだろうかと考えた。アメリカで最も古く、最も裕福な大学で、教授陣は極めて傑出していた。海軍語学校で何人かのハーヴァード大学院生と親しくなっていた私は、違った環境で彼らと一緒に勉強してみたいと思った。しかし、私が他の教師の下で勉強しようと思っていることを、角田先生にどう話したらいいだろう。先生は、気分を害するのではないだろうか。しかし、ついに自分の計画を先生に話してみた。先生は、こう答えたのだった。仏教の修行僧が一つの修行場から次の修行場へと旅して歩くのは、ごく当たり前のこと、これを「遍参《へんざん》」と言うのです、と。

角田先生の承認を得た私は一九四七年秋、ハーヴァードへ行った。私が特に楽しみにしていたのは、ハーヴァードの学生に慕われている伝説的人物セルゲイ・エリセーエフの下で勉強することだった。彼はサンクトペテルブルクとベルリンで日本語を勉強し、日露戦争後は東京で学んだ。エリセーエフは、疑いもなくアメリカで一番有名な日本学者だった。

14　一九四七年、ハーヴァード大学に「遍参」

私がハーヴァードで過ごした一年（一九四七―四八年）は、喜びと失望の入り交じった一年だった。最高の喜びは、海軍語学校時代の友人ジョゼフ・レヴィンソンと一緒だったことである。レヴィンソンはすでに日本語から中国語に関心を移していて、ほどなく中国の近代史について一連の素晴らしい作品を発表した。彼は知り合いの中でも飛びきり楽しい人物の一人で、たいへん機知に富み、ずばぬけて頭がいいが、悪意というものがまったくなかった。レヴィンソンの魔法にかかって私は思わず何かを口走ったり、ついにはそれまで思いつかなかったようなことを書いたりした。

私たちは週に五日、昼食を共にした。時々、これにエドウィン・ライシャワーが加わることがあった。ライシャワーは当時、日本史の助教授だった。彼は私たちより年上であるとか、私たちより日本についてよく知っているということを、まったく感じさせない人だった。むしろ逆に異様に若々しく、まるで青年のような態度を示した。ライシャワーの一番の傑作である円仁《えんにん》の日記に関する優れた研究は、まだ出版されていなかった。九世紀の口語と古典中国語が入り交じった難解な日記の翻訳は、学問とはこういうものだという模範のような仕事だった。そこには約千六百の脚注が施されていて、その一つ一つがそれぞれ何時間にもわたる研究から生まれたものであることは疑いの余地がなかった。

私が感銘を受けたのは、同時にライシャワーが「より普遍的な広い意味での人類の歴史の記録に関心を寄せる人々」のために、円仁に関する二冊目の本を出したことだった。これは当時の研究者の態度としては、極めて異例なことだった。ライシャワーでさえ、それ以前は当時の学界の流行に従って、どの言葉が原典になくて、後から翻訳者が付け加えたものかといったようなことを明示する書き方をしていた。つまり、翻訳者が付け加えた“the”とか“is”のような言葉が［the］とか［is］のように角括弧の中に入れられ、翻訳そのものを限りなく退屈なものにしていたのだった。日本語と英語の違いに対するこうした几帳面《きちょうめん》な配慮に、恩恵を受けた者などいるのだろうか。

一般大衆のために書くというライシャワーの決断は、一方で、日本映画をテレビで上映するシリーズを編纂《へんさん》するといった彼の晩年の教育的活動を予見させるものだった。こうした面でのライシャワーの仕事は、私が自分の本を出し始めた時に何より励ましになった。

その年のハーヴァード大学でのもう一つの喜びは、ウィリアム・フン教授の杜甫《とほ》の詩の講義に出たことだった。フン教授の学問は、幾つかの点で旧式だった。しかし彼は杜甫の詩に完全に通暁していたばかりでなく、中国人以外の学者が何か新しい洞察を示していないか、英語、ドイツ語、日本語の翻訳にまで目を通していた。一番鮮やかに蘇ってくるのは、彼が杜甫の長篇詩の一つを暗誦《あんしょう》した時のことである。フン教授は母国語の福建語で暗誦して、福建語には現在の中国の標準語からは失われた最後の子音が残っていたのだった。身をそらして暗誦するフン教授の眼には、涙が湛《たた》えられていた。私は、そのとき思った。私がなりたいのは、こういう教授だ、と。

ハーヴァード大学で失望したのは、エリセーエフ教授だった。エリセーエフは手書きのノートを読みながら講義して、そのノートはおそらく何年も前に準備したものだった。彼は美しい日本語を話したし、フランス語もドイツ語も、もちろん母国語であるロシア語も流暢だったが、英語はお粗末だった。学生たちは（私も含めて）、彼の発音の間違いや文法的誤りを物笑いの種にしたものだった。しかし私が失望した主な理由は、エリセーエフの講義が無味乾燥なものだったからだった。「日本文学概論」の授業で、たとえば和歌集を取り上げた時など、彼が話したのは和歌の数が幾つあるか、春の歌の巻が何巻あるか、夏の巻は幾つか、という類のことだった。続けて彼は、最も古い写本のリストを声に出して読み上げ、同様にして最も古い木版本を、さらにその和歌集について論じた日本の歌論の題名を読み上げるのだった。エリセーエフは和歌集の文学的価値について一切意見を述べなかったし、またそれがどういう点で日本文学の歴史に寄与したか示唆《しさ》することもなかった。一時間が過ぎても、彼は私が覚えておきたいことを何一つ言わなかった。

エリセーエフは、私が博士論文の一部として翻訳していた『国性爺合戦』を読む個人教授もしてくれた。その並はずれた日本語の知識に頼って、たぶん彼は前もって授業の準備をしてこなかった。自分が理解できない一節にさしかかると、よく革命前の帝政ロシアに関する逸話を語ってお茶を濁したものだった。

私が一番当惑したのは、日本人の学者に対する彼の態度だった。エリセーエフは、おそらく日本人のことを魅力的な友人と考えていた。しかし、学問はヨーロッパで発明され、ヨーロッパ人によってアメリカで続けられていると確信していたようだった。一度、何かのことで私が角田先生の名前を挙げたことがあった。エリセーエフは直ちに反駁《はんばく》し、「大学ともあろうものが、どうしてそんな男を雇っているのだろう」と言った。私はひどく腹が立ったが、言い返したい気持をぐっとこらえた。私は、こう言いたかったのだ、「角田先生は日本文学について、あなたの十倍もよく知っている」と。

エリセーエフの影響が顕著に現れたのは、私がコロンビア大学で教え始めた時だった。私は彼がしたことと、すべて反対のことをした。「日本文学概論」の教室に入る時、私は何も持っていかなかった。もちろん、講義の準備はした。しかし私は、自分の講義を毎年新たな気持でやりたかった。私は和歌集の歌の数を言わなかったが、学生が知りたければどこを調べればわかると教えた。教師として私に出来る一番大事なことは私の情熱、私の日本文学に対する愛情そのものを学生に伝えることであって、本の中の事実をただ受け渡すことではないと私は考えていた。講義は知識を伝えるのに必ずしも最適の場ではない、と私は判断を下していた。

私のこうした姿勢は、その多くをマーク・ヴァン・ドーレンに負っている。ヴァン・ドーレンは、私が理想と思える方法で講義をした。もちろん私は角田先生からも恩恵を受けたし、それはウィリアム・フン教授にしても同じことだった。一般大衆のために書くという私の目標は、おそらくライシャワーの影響によるものである。私はエリセーエフにも多くを負っていて、それは自分がしてはならないことの手本を彼が示してくれたからだった。

ハーヴァードでの学年が半ばにさしかかった頃、「GIビル（復員兵援護法）」に基づく教育給付金がやがて切れることに気づいた。この援護法は、退役軍人に大学の授業料を三年間だけ無料にすることを保証していた。私は、教職の仕事を探すことにした。しかし私の聞いた限り、空席になっているのはメイン州の小さな大学だけで、そこでは世界の全文明の歴史を教えなければならなかった。私は、この仕事を引き受ける自信がなかった。いつも私の将来に関心を持ってくれているように見えたコロンビアの教授に相談すると、彼は大学時代の私の成績を丹念に調べた結果、ギリシャ語を教える仕事なら見つかるかもしれないと言った。この助言は、あまりいただけなかった。ギリシャ語の書物には七年間ご無沙汰《ぶさた》しているし、私は日本語を断念するつもりはまったくなかった。

この時点で、誰かがヘンリー奨学基金のことを教えてくれた。これは英国で研究したいアメリカ人、逆にアメリカで研究したい英国人に与えられる特別研究員の奨学基金だった。どういう志願者が優先されるかというと、それは「受け入れ国ほどには自国で教えられていない題材」について勉強したいと思っている研究者だった。私は英国で日本語の研究を志望するのは、いささか見当違いだと考えた。そこで、研究の対象をアラビア語とペルシャ語にすることにした。中東諸国との長年にわたる関係は、おそらく英国において中東言語の研究を育成してきたに違いないと私は判断した。お決まりの研究企画書を書き、日本からアラビアに至るアジアの知識を備えた人間はめったにいないということを主張し、どんなに難しくてもあと二つの言語を苦もなく身につけることが出来るということを匂わせた。

驚いたことに、私はケンブリッジ大学への奨学基金を手に入れたのだった。もしそのままアラビア語とペルシャ語を研究するように勧められていたなら、そうしていたに違いない。しかし、東洋言語の教授に奨学金の期間内でアラビア語を学ぶつもりだと言ったら、彼は驚いたようだった。さらに私が同じ一年間でペルシャ語も学ぶつもりだと付け加えると、彼は婉曲《えんきょく》に次のように私をたしなめた。君、教授たちに迷惑をかけるものではないよ、と。私は悲嘆に暮れるどころか、ケンブリッジでの一年に期待をふくらませた。その間、私は何でも自分の好きな研究が出来るのだった。

15　配給制下のケンブリッジ大学

　コレッジの用務係が二部屋続きの私の部屋を見せてくれた時、彼は「ケンブリッジで、ここが一番寒い部屋でございます」と言った。この言葉を後で思い出すことになったのは、季節が秋から冬に変わる時だった。寝室を暖める方法は何もなくて、しかもその部屋は窓がぴったり閉まらないのだった。居間にはガス・ストーブがあったが、ごく近くにいる時だけ感じ取れる程度のかすかな熱しか出さなかった。

　初めて部屋に案内された日、中に二センチあまりのミルクが入った小さな壺を手渡された。それは、私が紅茶を淹《い》れる時に使うミルクの一日の配給量だった。食事は「ホール」と呼ばれるコレッジの食堂で出た。かなり重苦しい感じの建物で、壁には数百年前に何らかの形でコレッジのために尽くした人々の肖像画が飾られていた。学生たちは、長い木のテーブルで食べた。彼らは両手でナイフとフォークを器用に操り、ものすごい勢いで食べた。その速さには、アメリカ人を面食らわせるものがあった。食事を終えると彼らは、作法にかなっていない方法で席を離れ、必要ならテーブルを飛び越えて外へ出ていった。気づいてみると、彼らの皿には何一つ残っていなかった。私は食べる時には、いつも少しだけ残すように心掛けていた。しかし戦時に育った若者たちにとっては、食べ物はあまりに貴重で無駄には出来なかった。そのことに気づいた私は、皿の上のものはすべて食べるようにした。この時ついた習慣は、今に至るまで変わらないでいる。

食べ物は、ひどかった。これは大部分が、配給制度のせいだった。一人あたり一週間分の肉の配給量は、てのひら一枚ぐらいの大きさだった。魚は配給ではなかったが、実際に出てくる魚はニシンだけだった。私が一週間に食べた二十一回の食事のうち、十四回がニシンを主体にした料理だったことに後で気づいたことがある。一番歓迎されない料理は、鯨《くじら》の肉だった。ホールに入った途端にその臭いがわかったし、料理人たちは、見ただけで胸の悪くなるような黒い肉をソースで隠さなかった。しかしメニューには、味に関係なく私たちが食べる料理すべてに優雅なフランス語の名前が付いていた。

ケンブリッジでの生活のもう一つの特徴は、自転車が欠かせないということだった。誰でも一台は持っていて、自転車なしの生活などほとんど考えられなかった。幸いなことに私は、子供の頃に乗り方を習ったことがあった。しかしペダルでなくてハンドルをブレーキとして使うやり方が身につくまでには、いささか時間がかかった。いたるところに自転車があり、当然、行方不明になったり盗まれたりすることもあった。いたある頭の切れる英国人の弁護士が、自転車泥棒の罪で訴えられた学生の弁護に成功したことがあった。その弁護士は、自転車は野生動物みたいなもので、従って誰に所属しているというものでもないという事実を立証したのだった。

すでに私はコロンビア大学から文学修士の学位を受けていたが、ケンブリッジでは他大学の学位は認めていなかった。そこで、大学一年生のクラスに入れられた。私は別に構わなかったが、どんなグループであれ自分がその中で最年長になるのは、人生でこれが初めてのことだった。学生たちは、アメリカで知っている学生とは異なっていた。彼らは政治的には保守派で、当時政権にあった労働党政府について皮肉たっぷりな意見をたくさん持っていた。身だしなみがよく、その話しぶりは彼らが紳士であることを自ずと示していた（地方訛りのある学生は、正規の英語の訓練を受けるように熱心に勧められた）。初めのうち、こうした高貴な身分の若者とは友達になれないのではないかと心配だった。しかし、それは思い違いだった。そのどことなく気取ったしゃべり方にもかかわらず、彼らは親切だったし、私がぜひとも彼らを必要とする時には助けになってくれた。

ヨーロッパで最初の年に起きた一番刺戟的な事件の舞台は、ケンブリッジではなかった。クリスマス前、奨学金の試験を受ける志願者たちが部屋を使えるように、休暇中は自分の部屋を明け渡さなければならないと言われた。折よく、大西洋を横断した船の中で親しくなったアメリカ人たちがローマから手紙をくれ、クリスマスを一緒に過ごさないかと誘ってくれた。まさに、渡りに船だった。私は博士論文をほとんど書き終わっていて、それをローマでタイプして悪いわけがなかった。私は手書きの原稿とタイプライターを持って、イタリアへ向かった。パリで二日ばかり過ごした後、夜行列車でミラノへ向かった。コンパートメントは、煙草のけむりで息苦しかった。列車がミラノに着いた時、私は同じコンパートメントにいた男に、新鮮な外気を吸ってくる間、荷物を見ていてくれないかと頼んだ。男は承知して、私は十分間ほどプラットホームを行ったり来たりした。コンパートメントに戻ると、男もスーツケースもタイプライターも姿を消していた。

私は警察へ行き、不慣れなイタリア語で事の顚末《てんまつ》を報告した。警察官は、泥棒を探すのに熱心でないようだった。おそらく彼らは、こう考えたに違いない。行きずりの男を信用した間抜けな外国人が荷物をなくしたところで、それは自業自得だ、と。原稿は、一枚も私の手に戻らなかった。私は一週間をローマで過ごし、ケンブリッジに戻って博士論文を最初から新たに書き始めなければならなかった。

ケンブリッジに帰った私は、友人の一人にミラノで起きたことを話した。彼は教授の息子で、休暇中もケンブリッジにいたのだった。ほどなく、彼の母親ディキンズ夫人から手紙をもらった。私がどれほどショックを受けているかを知って、ディキンズ夫人は学期が始まるまで毎日、私を昼食に招いてくれた。別の友達は、私が使っていた部屋よりも暖かい部屋を私のために用意してくれた。また別の一人は、どこからかタイプライターを都合して来てくれた。

ミラノでの災難の結果として、私は、何が起きても動じない英国の人々に心温まる感動を覚えたのだった。そしてディキンズ夫人に、かけがえのない友を発見した。夫人の息子で私の友人だったウィリアムが登山の事故で死んだ後、私は彼女にとって、もう一人の息子のようなものだった。ディキンズ夫人は私の先生でもあって、特に絵画と詩に関してそうだった。絵画の中の何がその作品を傑作にしているか、それを見抜く的確な能力が彼女にはあった。

私は、博士論文を書き直した。最初の原稿を読んでいた友人は、前よりずっとよく書けていると言った。もちろん私を慰めるために、そう言ってくれたのだと思う。しかし、たぶん彼は正しかった。結局のところ、私はミラノの泥棒に感謝すべきだったかもしれない。

その頃、私は日本語の教授であるエリック・キーデルから日本語の会話の授業を担当してくれないかと頼まれた。これが、学生を教えた最初の経験となった。当時、日本語をまったく知らないケンブリッジの学生は、『古今集』序の原文を読むことで初めて日本語に接したのだった。現に生きて使われている言語を千年も前の教材から学ぶのは、どう見てもおかしいような気がした。しかし英国には、古典ギリシャ語やラテン語のように、すでに死語となっている言語を研究する伝統が根強くあった。こうした言語で鍛えられている学生にとっては、日本語も同じように、まるで誰も話していない死語であるかのように研究するのが、ごく自然のことであったのかもしれない。

私の会話の授業は、まったく珍妙なものだった。学生たちは現代のことを話す時でも、十世紀の日本語を使った。ある学生が、「まじめな男」という意味のことを言いたい時に、「ひたすらなをのこ」と言っていたのを思い出す。しかし、私の日本語も怪しいものだった。私は三年間というもの、日本語を話していなかった。会話を担当することになったのは、ケンブリッジに日本人が一人もいなかったからだった。

私は、バートランド・ラッセルの哲学の講義にも出た。彼がケンブリッジで教えた最後の年で、聴講する学生の数は大変なものだった。ある講義の後で、私は彼の著作の一冊を持って教壇に近づき、自分のペンを差し出してサインしてほしいと頼んだ。ラッセル卿は私のペンを使って、ほかにもサインを頼むために列を作っていたすべての学生の本に署名した。一通りそれが済んだ後、彼は私を待たせたことに気づき、詫びた。そして、私をビールに誘ったのだった。私は、天にも昇る気分だった。ラッセル卿が夕食に出かける時間が来るまで、私たちは一緒に飲んだ。帰り際に、彼はこう言ったのだ、「お若いの、君と話すのは実に楽しい。今学期、講義が終わるたびに一緒にビールを飲もうじゃないか」。ラッセル卿と肩を並べて通りを歩いている私を見かけた誰かが、あんなに嬉しそうな顔をした人間は見たことがないと言った。

ラッセル卿は、その語彙と機知の両面で十八世紀を思わせる英語を話した。恋愛したことがあるかどうか、私に尋ねたことを覚えている。そして、「かりになかったとしても、別に驚かないがね」と付け加えた。ラッセル卿がしゃべったことを、すべて書き留めておけばよかったと思う。当時、私が書いた手紙の中に、ラッセル卿が話した逸話が一つだけ残っている。それは、彼の知り合いの若い中国人に関するものだった。その若者の中国での恩師は叡智《えいち》の人として知られ、また、一度も風呂に入ったことがないことで有名だった。その恩師が死んだ時、誰かが先生の亡骸《なきがら》を風呂に入れて、さっぱりさせたらどうだろうかと言った。しかし、若い中国人は反対した、「だめだ、先生は、まるごとそのまま葬るべきだ」。

私は、小説家のE・M・フォースターとも知り合いになった。コロンビア大学で私の先生だったライオネル・トリリングが、フォースターについて本を書いたことがあり、私にフォースターへの紹介状を書いてくれたのだった。フォースターは、かなりの、はにかみやだった。たぶん私たちに共通の話題がないことを恐れたのだろう、私をシェリーに呼んでくれる時には、いつもインドか中国の人を招いて、アジアの人間と話せるように取り計らってくれた。しかし、私たちがオペラに対する情熱を共有していることがわかると、フォースターは話題のことで心配するのをやめた。

ある時、フォースターが何人かのアメリカ人を招いて感謝祭を祝ったことがあった。私は飲みすぎて、帰り道、自転車から転げ落ちた。車輪は、形をなさないまでに曲がってしまった。私は残りの道を、自転車をかついで歩かなければならなかった。ケンブリッジの思い出には、なぜかいつも自転車がからんでいる。

16　天才ウェイリー、そしてマリア・カラス

ケンブリッジに住んでいた頃、列車で一時間半かかるロンドンまでよく出かけたものだった。列車が定刻に来たためしはなかったし、遅れた理由の説明もなかった。やがて私は、列車は遅れるものだと諦めるようになった。

ロンドン市内は、いたるところ被災地だった。東京で目にしたのは完全な荒廃だったが、ロンドンでは、かりに一つの建物がドイツの空爆で破壊されていても、それに隣接する建物はだいたいそのままの形で残っていた。もっとも、時に壁の一部が崩れ落ちているということはあった。有名な建物の多くは爆撃を免れたが、大英博物館は被害を受けていた。貴重な所蔵品は、大半が戦時中に安全な場所に移されていて、からっぽの陳列室は薄暗く、床には天井から漏れる水を受ける盥《たらい》が置かれていた。一つ

一堂に会して私たちの目に触れることを約束していた。

　大英博物館からさほど遠くないところにゴードン・スクエアがあり、そこにアーサー・ウェイリーが住んでいた。『源氏物語』を信じられないような美しい英語に書き直した偉大な翻訳者ウェイリーは、長いこと私の霊感の源泉だった。ウェイリーは日本語だけでなく、中国語も翻訳した。私も日本語と並行して中国語を勉強したことがあり、第二のウェイリーになろうと思ったことがあった。残念ながら、それは叶わぬ夢だった。私には日本文学の研究だけで手一杯で、中国語の知識は次第に薄れていった。

　会う人ごとに言われたのは、ウェイリーとうまく会話を運ぶのは難しいということだった。ウェイリーは退屈すると、そのことを隠そうとしなかった。たとえば、こういう話を聞いたことがある。ある時、ウェイリーのところに極めて退屈な客が訪ねてきた。ウェイリーは棚から本を二冊抜き出し、客を誘って一緒にアパートの下にある公園に行った。二人は別々のベンチに坐り、それぞれ黙って本を読んだ。ウェイリーにとって相手が話すに足る人物かどうか決めるのに、たいして時間はかからなかった。しかし彼は、著名な人物だけに関心があるような俗物ではなかった。逆に、知り合いの範囲があまりに多岐にわたっていて、「変わり者」の蒐集家と言われたくらいだった。たとえばオーストラリアのクラヴサン奏者、あるいはジャワ島の踊り子の一団、あるいはスイスのスキー教師に向かって、何かの拍子に私が日本文学を教えているということを口にしたとする。そんな時、すかさず相手から「我が友アーサー・ウェイリーを知っているか」という質問が返ってきても、少しもおかしくはなかった。

ウェイリーは、天才だった。「天才」という言葉は、日本では日本語が読める外国人にも使われる時がある。しかし、ウェイリーが知っていたのは日本語や中国語だけでなくて、その範囲はサンスクリット、モンゴル語、ヨーロッパの主要言語にまで及んでいた。さらにウェイリーがこれらの言語を知っていたのは、なにも単語や文法にだけ関心がある言語学者としてではなかった。それは、世界のあらゆる地域の文学、歴史、宗教に限りない興味を抱く一個の人間としてだった。ウェイリーは、自分が知っている言語で詩を読むのが好きだった。もし優れた詩がありそうな言語を自分が知らなかった時には、その言語を身につけるのに必要な時間を惜しむことがなかった。晩年、ウェイリーがポルトガル語を身につけたのは、ある若い友人の詩が読みたかったからだった。

ウェイリーに初めて会ったのは、彼がケンブリッジでアイヌの叙事詩「ユーカラ」について講義した時だった。いかにもウェイリーらしいことだが、当時六十歳だった彼は、世界中で読める学者が百人といない言語で書かれた詩を翻訳する喜びを味わいたいために、アイヌ語を身につけたのだった。ウェイリーが訳したアイヌ叙事詩の美しい翻訳は、アイヌの人々に対する私の間違った印象を根底から覆した。

ウェイリーは価値判断に非常に高い基準を持っていて、お世辞とは無縁の人だった。彼に元曲の翻訳を送ったとき、ウェイリーは次のような言葉を添えて送り返してきた。「あなたは、自分で詩を書いたことがありますか」と。私はこれを、元曲の叙情的な部分を英語の詩形で訳した私の試みに対する痛烈な批評として受け取った。しかし、ウェイリーが褒めると、それが稀であるだけに特別なありがたみがあった。ウェイリーは、私の作品に対する意見を直に伝えることはめったになかった。しかし彼に紹介した友人たち——永井道雄や三島由紀夫から、ウェイリーが私のことを好意的に語ってくれたことを知った。

ロンドンには、ほかに知り合いがほとんどいなかった。しかし行ける時にはロンド

ケンブリッジ大学にてアーサー・ウェイリーと　(1953年頃)

ンに行って、それは特にコンサートやオペラのためだった。今思えば、わずかなお金で、あれだけ多くの音楽を聴けたことが不思議で仕方がない。当時のロンドンは、音楽の黄金期だった。戦時中に英国を訪れることが出来なかったヨーロッパ大陸の音楽家たちが、絶え間なく舞台に登場した。中には、(ノルウェーの偉大なソプラノ歌手キルステン・フラグスタートのように) 戦前から名声を博していた者もいた。一方でエリザベート・シュワルツコップやビクトリア・デ・ロス・アンヘレスのような歌手は、ロンドンに来た時は無名だったが、たちまち有名になった。

当時のロンドンでは、六月の短いインターナショナル・シーズンの時を除いて、すべてのオペラが英語で上演された。時には、英語で自分の役を歌えない歌手が別の言語で歌うことが許されることもあった。もっとも、それが舞台で珍妙なやりとりとなったことは言うまでもない。私は『ボリス・ゴドノフ』の舞台を覚えていて、主役のボリス・クリストフだけが情熱あふれるロシア語で歌い、ほかの歌手はすべて行儀のいい英語で歌った。聴衆の誰も、その歌いぶりの違いを気にしている様子はなかった。

この時期に見た最高に素晴らしい公演を三つ選ぶとしたら、一つは間違いなくこの『ボリス・ゴドノフ』である。クリストフは良心にさいなまれるロシア皇帝にすっかりなりきっていて、カーテンコールでも沈痛なボリス・ゴドノフそのままだった。もう一つは、リューバ・ヴェリッチの『サロメ』である。サルバドール・ダリの演出で、歌手たちは全員が鳥のような衣裳と仮面を身につけ、最後は舞台のセット全体が巨大な一羽の孔雀《くじゃく》と化した。しかしヴェリッチだけは、鳥の格好をして出るのを嫌がった。代わりに彼女は、鮮やかな赤い鬘《かつら》と目の覚めるような緑の衣裳を身につけて登場した。その歌いぶりは最高で、その踊りは息を呑むほど色っぽかった。そして最後に挙げるべきは、私のオペラ観劇の経験すべての中で最高の舞台――マリア・カラスの

『ノルマ』である。この時の公演は、レコードになっている。しかし、音だけからあの舞台の興奮を想像することは不可能で、一人の素晴らしい歌手が、あらゆる声と仕草の一つ一つに劇的な説得力を与え、満場を興奮の渦に巻き込んだのだった。のちに私は、ニューヨークのメトロポリタン劇場でカラスが歌うのを聴いたが、どの舞台も驚異そのものだった。しかし、あの『ノルマ』ほど深く心を揺さぶられることは二度となかった。たぶん、こうした経験は一度限りのものなのだろう。

私は十六歳の時、メトロポリタン劇場の天井桟敷《さじき》の最後列から初めてオペラを見た。それ以来の私のオペラ観劇の長い歴史を振り返ると、これらのロンドン公演は特別な愛着をこめて思い出されるし、素晴らしい音楽の復活の時期に自分が立ち会ったという感謝の念で満たされる思いがする。同時に私は、次のようなことに気づいてショックを覚える時がある。それは私が能、文楽、歌舞伎その他の日本の演劇が大好きであるにもかかわらず、私の心の中に常に何かオペラを渇望する気持が潜んでいて、それはほかの演劇の形では決して満たされることがないという事実だった。

戦後のロンドンで聴いた音楽は、オペラだけではなかった。特に覚えているのはリヒャルト・シュトラウスの『四つの最後の歌』の初演で、歌ったのはキルステン・フラグスタートだった。新作が初演される時にその場に居合わせるのは胸がときめくものだが、初演が同時に最後の公演となることはよくあることだった。しかし、この時ばかりは最初に聴いた瞬間から、私は確信せざるを得なかった――これらの歌は長年にわたって、永遠にではないにしろ歌われ、記憶されることになるに違いない、と。初演を聴いた後、あてもなく街をさまよい歩くばかりで、何も考えることが出来なかった。

英国に滞在していた頃のロンドンを思い出すのは、ウェイリーと音楽にまつわることばかりで、そこで見物した名所旧跡のことはほとんど浮かんでこない。義務的にロンドン塔やウェストミンスター寺院を訪れたし、テムズ河に沿って歩いたりもした。しかし、昔の有名な英国作家（あるいは、夏目漱石）が住んでいた旧居を探して歩くようなことはしなかった。私には行きつけの気に入った料理屋がなかったし（ロンドンの食べ物はケンブリッジ同様、味も素っ気もなかった）、骨董や書物を探して歩くこともなかった。どういうわけか当時のロンドンには、パリのように私を魅了するものがなかった。もっとも今では、世界中でロンドンほど好きな都市は少ない。私は確かに変わったが、ロンドンも変わった。その深みのある輝きが、今の私にはよくわかる。

17　日本留学に便乗して、アジア歴訪

英国に住んだ五年間、私は概して幸福だったと言っていい。時には孤独な時もあるにはあったが、孤独は学者の生活には避けられないことだと思っていた。私は大学の図書館で、たまたま自分の関心を惹いた日本の書物を読んだり、ざっと目を通したりして孤独な時間を楽しんだ。日本へ行く機会に対する望みを捨てたわけではなかったが、なかなか行けそうになかった。占領軍当局が日本を訪れる学者に課している制約条件は別にしても、お金の問題があった。私の給料はケンブリッジでそれなりの生活をするには十分だったが、日本行きの航空券を買うには全然足りなかった。

一九五二年、ケンブリッジの夏期休暇にいったんコロンビア大学に戻った私は、*Sources of Japanese Tradition*（『日本の伝統の源泉』）のための翻訳に参加した。これは

角田先生の「日本思想史」の講義に基づいて、友人のテッド・ドバリーが編纂していた本だった。ニューヨーク滞在中を利用して、私は日本での研究奨学金がもらえそうな幾つかの財団を訪ねた。私が会った財団の役員たちは、どこも色よい返事をくれなかった。ある役員などは、はっきりと次のように言った。もし同じくらい優秀な候補者が二人いたとして、どちらを選ぶかと言えば、現代的な学問分野——たとえば経済学、社会学、またはそれと同等に現代世界で重要な分野——を専攻する学者であって、文学の専門家ではない、と。

こうした財団役員の気に入ろうと思って、私は現代の日本文学を研究する計画案を作成し、特に古典文学の影響にテーマをしぼってみた。これは私が本当に研究したいこと、つまり「芭蕉の生涯と詩歌」ではなかった。しかし、日本へ行くためなら私は喜んで妥協しようと思った。

驚いたことに、私は研究奨学金をもらえることになったのだった。おそらく研究の現代的意義を、ことさら強調したからだと思う。日本へ行けるとわかった途端に頭に浮かんだのは、これから先、日本へ行く途中の国々を訪問できるだけの旅費は、たぶん二度と手に入らないだろうということだった。この機会に、アジアを出来るだけたくさん見ておこうと思った。

ロンドン発の切符は、エジプト、インド、セイロン（スリランカ）、シンガポール、インドネシア、タイ、カンボジア、香港を経由して、最後に日本に到着することになっていた。各地のヴィザを取るには時間と忍耐を要したが、ついに九ヵ国を訪問するのに必要な査証がすべて旅券に捺された。

ところが私の計画には、予期せぬ変更があった。エジプトで反英暴動が空港にまで及んでいたため、カイロに着陸できなかった。代わりに飛行機はイラクのバスラへ行き、私たちは航空会社のホテルに一泊することになった。当時は夜間飛行がなかったので、大手の各航空会社は乗客が一夜を過ごすためのホテルを空港に用意していた。いったんホテルに落ち着いた私は、異国情緒あふれる国を訪問しながら見物しないでいるのは間違っているような気がした。そこでタクシーを手配し、市内見物をすることにした。オーストラリア人のカップルが、タクシーに同乗した。走り出して間もなく、車内の熱気が堪えられなくなり、私たちは市内見物などどうでもよくなった。運転手に頼んで、そのままホテルに戻ってもらうことにした。しかし運転手は、私たちが手配したツアー料金の全額を手に入れる心積もりで、まったく退屈な街路を頭に来るくらいのノロノロ運転で進んだ。バスラで唯一覚えているのは、ナツメヤシの実を切り開いている男たちを見たことだった。男たちは歯を使って種子を取り除き、次々とナツメヤシの実を英国へ運搬する楕円形《だえんけい》の箱に入れていた。これが、日本から一番遠いアジアの国で、私が初めて目にした光景だった。

インドには知り合いが誰もいなかったが、ボンベイ（ムンバイ）の安ホテルの名前を知っていた。空港から乗った古ぼけたタクシーは英国植民地時代の遺物で、私を未知の世界へと連れていった。街路に沿ったコンクリートの建物は、壁面に記された日付によればどれも最近の建築だったが、すでに大きな黴《かび》の染みで汚れていた。建物の陰には無数の簡易ベッドが置かれ、そこで人々は夜を過ごしたのだった。通りを男たちの群れが行き交い、彼らの顔はやせていて、その目つきは厳しく殺気立って見えるほどだった。

旅行中、インド人との出会いで一番印象に残っているのは、ジャイナ教の聖地アブ山でのことである。私が頼りにしていた古いガイドブックによれば、そこの湖は見逃すべきではなかった。ホテルのレストランでウェイターに湖への行き方を尋ねると、近くのテーブルに坐っていた男が私の質問を耳にして、次のように答えた。「英国人がインドにいた植民地時代、湖は素晴らしかった。しかし恵み深き神は英国人に、ここを人間が住むのにふさわしい場所とすることをお許しにはならなかった。そして今、湖は見る価値もない」と。これは断じてインド人を代表する意見ではないが、その予期せぬ意外性で私を喜ばせた。私がいつもインド人と話していて楽しいのは、皆が賛成しない意見を平気で口に出して言うからである。

インドを旅する時の不注意な旅行者と同じく、私は下痢《げり》に苦しんだ。下痢になったからといって、見物しないわけにはいかないと心を決めた。しかし美術館で彫刻に見《み》惚《と》れている時、あるいは列車の中で誰かと話している最中に、何度も近くのトイレに駆け込まなければならなかった。

日本へ行く旅の途中に訪問した国々は、それぞれが記憶するに値した。しかし、その頂点はカンボジアだった。滞在したのはグランド・ホテルで、もっと平和な時代には何百という観光客を収容したに違いない大建造物だった。私が訪ねた時には、客は四人しかいなかった。ロシア人の妻を連れたベルギー人、コロンビア大学で教えていたポーランド人の数学者、そして私だった。最初のうち私たちは、とてつもなく大きな食堂で離れ離れに坐ってお互いの距離を保っていた。しかしほどなく遠慮の垣が取れて、どこへでも一緒に行くようになった。移動に使ったのは輪タク、すなわち自転車に乗った男が引く人力車で、これは東南アジアを旅行する時の典型的な乗物だった。

アンコール・ワット、バイヨン、そして近くに散在する遺跡の数々は、私に言わせれば世界で最も素晴らしい建造物の群を成している。たぶんタージ・マハルはこれより完璧だろうし、ビルマ（ミャンマー）の人里離れたパガン寺院はもっと幻想的で、また中国の万里の長城はこれよりさらに歴史を偲《しの》ばせるものがあるかもしれない。しかし、アンコールの建造物と彫刻の組み合わせは、比類なく絶妙である。

私が訪問した当時のカンボジアは、交戦状態にはなかった。しかし早朝、ホテルの従業員たちは木銃で訓練に励んでいた。ある日、シアヌーク殿下がホテルにやってきた。私たち四人の外国人は、控えめに離れたところから、殿下がカンボジア語で熱のこもった調子で演説するのを眺めていた。果たして殿下が西洋とのさらなる親交を呼びかけているのか、それともすべての外国人の排除を呼びかけているのか、私たちにはわからなかった。

ポーランド人の数学者と私は、アンコールから首都プノンペンまで「地酒《じざけ》」ならぬ「地《じ》バス」と呼ばれる乗物に乗った。このバスには、両側面がなかった。降りるには便利だが、バスがカーブを曲がるたびに、かなりの乗客がバスから振り落とされるのではないかと思った。プノンペンは静かで、美術館には素晴らしい彫刻が溢れていた。しかし私たちは、レストランへ入ったら出来るだけ入り口から離れたテーブルに坐るように忠告された。テロリストが通りがかりに公共の建物に爆弾を投げ込むのは、ここでは日常茶飯事だった。

知り合いがいる唯一の国は、インドネシアだった。私の友人はすべて華僑《かきょう》で、彼らの一族は何百年も前に中国からジャワへ移民してきたのだった。彼らは、もちろんインドネシア語を知っていた。しかし、ふだんは入植者の言語であるオランダ語を話し、オランダ系の学校を卒業していた。彼らが中国人であることを示す一番の特徴は、何よりも食べ物を優先させることだった。たとえば遺跡まわりの計画を立てるにしても、どこの遺跡を訪ねるかは、すべてどこで昼飯を食べるかで決まるのだった。

インドネシアでの観光には、危険な要素もあった。ある兵士が私たちの車を止めた場合、その兵士が本当にインドネシア陸軍の兵士なのか、それとも軍服を着た盗賊なのかは誰もわからなかった。私の友人たちが都会を離れる時は、いつも街で乗り回している車でなく、壊れかけの中古車に乗った。そうすれば、盗賊たちの注意を引かずに済むわけだった。盗賊に対する恐怖感は、生活のあらゆる面に及んでいた。夜になると、友人の家では部屋ごとに鍵が掛けられた。かりに泥棒が一つの部屋になんとか入り込んだとしても、ほかの部屋に侵入できないようにするためだった。

インドネシアで一般に浸透しているもう一つの不法行為、それは賄賂《わいろ》だった。シンガポールから打った私の電報が友人の手に渡らなかったのは、友人が郵便局に賄賂を贈らなかったからだった。その友人が、自分の給料ではとてもやっていけない、と文部大臣に不平を述べたことがあった。大臣は、こう答えた。君は、なぜ袖の下を取らないのかね、と。

こうした不都合の数々があったにもかかわらず、私は一九五三年のインドネシアを懐かしく思い出す。特に甘美な思いに誘われるのは、ある王宮で少女たちが見せてくれたジャワの踊りだった。私は、似たような踊りをニューヨークでも見たことがあった。しかし、印象はまったく違っていた。王宮で見た踊りには何か悲しく美しいものがあった。私は、踊り子や楽士が王宮に抱えられていた時代の終焉《しゅうえん》に、自分が立ち会っているような気がした。日本に到着し、インドネシアで遭遇した数々の経験を話した時、多くの人は次のように言った。まさに明治初期の日本ですね、と。私は、違うと思った。

18　一九五三年、「関ヶ原」経由、京都

羽田（昔の羽田）に着いたのは一九五三年八月、雨の夜だった。バスで都心に入り、国鉄の駅で京都行きの二等切符を買った。その夜の最終列車だった。私は、青島にいた時の友人で現在は京都に住んでいる横山正克《まさかつ》氏に電報を打った。明日、京都ニ着ク、と。

列車は、どう見ても戦前のものだった。坐り心地は悪く、冷房がなかった。古い手紙を扇子代わりに使っていたら、前に坐っていた男の人が鞄の中から扇子を取り出し、渡してくれた。日本に着いて、最初に受けた親切だった。扇子に描かれていた絵は横山大観《たいかん》で、大観は私が名前を知っている唯一の現代日本画家だった。

私は、いつしか眠りに落ちていた。いつもであれば、列車や飛行機の中で眠ること

などあり得ないことだった。目が覚めて外を見ると、列車は関ヶ原駅に停車していた。その文字を見て、私の身体に戦慄《せんりつ》が走った。東京は、特に東南アジアの後ではヨーロッパの都市と変わらないように見えた。しかし「関ヶ原」という地名は、私が間違いなく日本にいる証拠だった。私は、徳川時代について原稿を書いた時に関ヶ原の戦いに触れたことがあるし、ケンブリッジで日本史を教えた時にも関ヶ原について説明したことがあった。また、もし徳川軍が勝利を収めていなかったら、日本はどのような形で発展していたろう、と考えたこともあった。八月早朝の関ヶ原駅で、私は初めて日本の歴史に触れたような気がした。

横山さんは京都駅で、私を出迎えてくれた。東京で一夜を過ごさずに、そのまま旅を続けたことに横山さんは驚いていた。しかし私は、すでに一カ月以上も勉強していなかった。一刻も早く目的地に到着して、自分の本を開きたかった。

横山さんは、私を京都市北部の衣笠山《きぬがさやま》の麓《ふもと》にある自宅へ連れていった。私が疲れて休みたいと思っているに違いない、と横山さんは考えたようだった。しかし私は興奮していて、休むことなど考えていなかった。とにかく、京都が見たくてたまらなかった。横山さんはその日の午後、サントリー醸造所に約束があり、山崎まで行かなければばならないと言った。私は、一緒に連れていってほしいと頼んだ。これが、私の最初の京都見物となった。横山さんは私をサントリーの創業者である鳥井さんに紹介し、六月に皇太子殿下（今上天皇）がケンブリッジを訪問した際、私がその案内役を務めたことを話した。鳥井さんはたいへん喜んで、私に菊の御紋章が刻印されているウィスキーのボトルをくれた（ボトルの中味は、帰りに横山さんが行きつけのバーへ連れていってくれた時に消えた）。

その夜、私たちは先斗町《ぽんとちょう》を歩いた。あまりに美しくて、自分の眼が信じられなかった。狭い通りの両側の建物は、すべて和風建築だった。各戸の玄関には提灯《ちょうちん》がぶらさがり、通りには舞妓が歩いていて、その着ている着物の金糸が闇にきらきら光っていた。先斗町は関ヶ原とは反対に、日本文化の優しい面を体現していると
ようだった。その夜は、不思議な魅力に満ちていた。近年、その外観が損なわれてきたのを見ると寂しい気がする。

翌日、私は芭蕉の俳句の本を取り出して読み始めた。ところが、隣の保育園から伝わってくる騒音のために、なかなか勉強に集中できなかった。もっと静かな場所を探そうと外へ出た私は、歩いて数分のところにある等持院にたどりついた。この寺が、

いわば私の勉強部屋となった。そこは、ほとんど人けがなかった。受験勉強の学生が数人滞在しているだけで、僧侶も観光客も見かけたことがなかった。

日本語で発表した最初の原稿の一つに、等持院の霊光殿のことを書いたことがある。そこには、歴代の足利将軍が祀《まつ》られていた。少しばかり誇張して、私は夏の盛りでもそこは冷えびえしていると書いた。足利将軍たちの木像が両側に並び、その目玉が薄暗がりの中で光っていた。いずれも堂々として、恐ろしいくらいの存在感があった。

龍安寺《りょうあんじ》も、すぐ近くにあった。海軍語学校にいた頃、その有名な石庭のことを聞いたことがあった。石庭は、私の期待にそむかなかった。時折、観光客の姿が見えた。しかし、石の簡素な美しさと熊手で掃《は》きならされた砂は、どういうわけか観光客にありがちな感嘆の声を沈黙させた。一番よく覚えているのは、ある夜、月明かりの中を庭を見にいった時だった。たぶん私は宇宙の瞑想《めいそう》などにふけらずに、ただ石と砂を見つめていた。傍らで、かすかな音がした。見ると、寺の住職の奥さんが私の傍らに一服の茶を置いたのだった。私たちは、しばらく話をした。奥さんが語ったところによれば、彼女はいわゆる「写真花嫁」としてアメリカへ送られたことがあった。しかし、結婚ということにはならなかった。アメリカで何か覚えていることがありますか、と私は尋ねた。彼女が答えたのは、すごく高い山に登ったことがあり、それは比叡山《ひえいざん》よりも高かったということだった。

京都は（実は日本中どこでもそうだが）、そこで出会った人々を通して私の記憶に鮮やかに残っている。なにも友達になった人々だけではない、龍安寺住職の奥さんのように、私がほとんど知らないのに親切にしてくださった人々の中にも京都が息づいている。こうした記憶は今も変わらないが、京都の大部分は、便利さを追求する人々の情熱と貪欲《どんよく》さによって破壊されてきた。私が最後に龍安寺を訪れた時、たぶんそれは二十年ほど前のことだが、寺の正面に止められた観光バスの数にまずびっくりしたし、寺の境内に爆音を立てながら出入りするオートバイにも唖然《あぜん》とした。確かに変化を喜ぶ人々がいて、龍安寺があらゆる人々に開放されるようになって嬉しい人もいるに違いない。しかし、龍安寺見物のために割かれた十分間だけバスから出てくる観光客に、果たして龍安寺の静寂が味わえるのだろうか。想像するだに気が滅入るが、いつの日か、龍安寺の石庭に光と音の演出が満ち溢れ、琴の調べに乗って庭石が紫色からオレンジ色へと変化していく有様を、この眼で見る日が来るかもしれない。

私が初めて京都にいた頃、戦前の京都の町並みを知っている人々は、それが時代の変化のためにいかにひどくなったか、私に語ったものだった。こうした言い方をされると、本当に腹が立った。私は現に自分が知っている京都が好きだったし、その京都がガソリン配給制の時代に今と比べてどんなに良かったかなどという話は聞きたくもなかった。ガソリンが配給制を解かれたのは一九五三年だが、当時の京都には自家用車が一台もなかったと思う。もちろんタクシーやオート三輪はあったが、交通量は少なかった。今でも覚えているが、二人の年配の婦人が河原町《かわらまち》通りの真ん中ですれ違い、それぞれ丁寧に羽織を脱いでから、お辞儀を交わしている姿を見かけたものだった。今なら車がひっきりなしに走っていて、とてもこうした礼儀作法を守っている暇はない。

京都の人々が何かと自慢したがるのは、昔の時代から残っている寺院や庭園の数ではない。日本で最初に市電が走ったのが京都であり、三大百貨店の発祥地が京都であり、琵琶湖《びわこ》から水を引いた京都の疏水が日本で最初の近代的疏水だったということである。お国自慢していいあらゆる材料を持ちながら、そうした気持が京都人には驚くほど欠けている。時々、京都の町の破壊に反対するデモがあるが、それも多くは外国人が音頭をとって始めたものである。

一年間留守にした後で京都に戻り、最近の破壊された有様を目にして腹を立てるのは簡単である。もちろん、まだ静けさに包まれている片隅はあって、そこでは昔の美しさが保たれている。たとえば東寺《とうじ》の講堂に何時間でも坐って、琴の伴奏の類を強制的に聴かされることもなく、信じられないような仏陀《ブッダ》の陳列に見惚れていることが出来る。また、今でも人々が手作業で物を作っている通りを見つけることが出来るし、賀茂川の床敷で食事をしながら水に戯れる鴨を眺めることも出来る。いたるところで昔を偲ばせるものを眼にすることが出来て、それは栄華を極めた平安時代から幕末の動乱までの史跡の数々である。損傷を被っているとはいえ、京都は驚嘆すべき都市である。

自分が住んでいた頃の京都を見ることが出来て、私は実に幸運だと思っている。おそらく現在の京都に住んでいる留学生もまた、私の記憶にある京都の美しさを見逃して残念だなどとは思わずに、今の京都を見て私と同じように幸運を嚙みしめているのではないだろうか。これ以上の損傷、たとえばまだ木造の建物がやがてコンクリート建築に取って代わられ、静かな本屋が派手なベストセラーの陳列ケースと化すことになっても、少なくとも京都の山や川は今のままであるに違いない。

もし現代生活の特徴の中から何か一つ発明前の状態に戻せるものなら、私は自動車を消し去りたいと思う。自動車が一台もなかったら、京都はどんなに素晴らしいだろう！　ヴェニスで時を過ごしたことのある人なら、自動車のない都市の静けさがどれほど心の安らぎをもたらすかを知っている。耳に聞こえてくるのは、人々の足音だけなのだ。反動主義者と呼ばれる危険を冒してでも、私は叫びたい。「自動車《カー》を打倒せよ！」と。

19　京都の外国人留学生たち

五十年前の京都は、散歩をするのに恰好の町だった。どの通りにも、私の眼を惹きつけるものがあった。たとえば、こぢんまりとした古本屋、石で作った狸《たぬき》しか売っていない店。私が日本の友人たちから警告されたのは、自分の眼が日本の趣味に馴染むまでは、陶器や美術品を買ってはいけないということだった。これは私にとっていい忠告で、お蔭で失敗せずに済んだ。なにせ最初は、見るものすべてが美しく見えたのだから。

私は、何よりも書物に心惹かれた。時には、掘り出し物を見つけたこともある。たとえば私が買った『細雪《ささめゆき》』の初版本は、戦時中に兵庫県で出た二百部限定の私家版で、見返しには谷崎潤一郎の直筆で歌と署名が記されていた。これが七百五十円だった。

しかし、こういうことは、めったにないことだった。私は自由に使える金をそれほど持っていなくて、買うのは時たま見つかる珍しいものを除いては、将来自分の研究に役立つと思われる本だけに限ることにした。私は、数百冊の本を買ったに違いない。後から思うと、これは失敗だった。当時購入した本の多くは質の悪い仙花紙で、触るとページが粉になって崩れてしまうのだった。だいたいにおいて、ましな版が出まわるようになったのはそれ以降のことである。

無料《ただ》で手に入るものは、買うことの出来るどんなものよりも貴重だった。寺を訪れたことは、かりにそれがどの観光ルートにも入っていない無名の寺であっても、私に忘れ難い印象を与えたのではないかと思う。たとえば私が覚えているのは、清閑寺を初めて訪れた時のことだった。ご本尊の千手観音は、その手の多くが欠けていた。欠けた小さな手は皿の上に集められ、観音像の前に置かれていた。これがよその国であったら、まず間違いなく盗まれていたに違いない。

京都で私が満足のいく生活を送れたのは、今熊野という住むのに理想的な場所を得たということが大きい。他の留学生が、終戦後間もない頃にこうした幸運に常に恵まれるとは限らなかった。個人の家に下宿を見つけるのは、留学生にとって難しいことだった。占領時代を覚えている京都の人々は、まず同じ屋根の下に外国人を住まわせたがらなかった。もっとも、断わる理由としては一般にトイレが汚いからといったようなことを口実にしたものだった。ケンブリッジで私が教えたことのある学生は、わびしい百万遍《ひゃくまんべん》（知恩寺）に何カ月も住まざるを得なかった。少なくとも最初の頃は、そこ以外に誰も彼のことを受け入れてくれるところがなかったからだった。しかし、例外が一つあった。著名な哲学者の娘である西田静子さんは、留学生を哀れに思い、いつも何人かを彼女の家に住まわせていた。私がその家を訪れた時、玄関に巨大な下駄があるのをよく見かけたものだった。

当時、京都には十人余りの留学生しかいなくて、その中にバートン・ワトソンがいた。彼は、京都大学で吉川幸次郎教授の助手を務めていた。素晴らしく流暢な日本語を話したが、彼の専門分野は中国文学だった。ワトソンは謙虚な人で、自分の学識など取るに足りないと思っていたが、すでに彼は西洋で最も優れた中国文学の翻訳家として成長し始めていた。かつて彼の部屋を訪ねた時、ワトソンは『史記』を傍らに置いて、それを眼で追いながらタイプライターに向かってほとんど同時に翻訳していた。私は驚いたが、彼にとってそれはごく当たり前のことのようだった。

京都にいる留学生は、だいたい月に一度は中華料理店に集まった。多くはアメリカ人だったが、英国人とベルギー人もいた。外国から来た学生たちが集まると、とかく留学している国についての不平不満に終始しがちだが、京都についての不平不満が出た覚えがない。間違いなく私たちは、この素晴らしい都市に住むことになった幸運を全身で感じ取っていた。一緒に夕食を食べた後、よくタクシーで喫茶店へ乗りつけた。私たちは当時の典型的なタクシーだった小型のルノーに、なんとか六人詰め込んだ。ただし、二人は誰かの膝の上に乗らなければならなかった。

今熊野の下宿で、大家さんの奥村夫人と

こうした集まりの時を除けば、私はめったに英語を話さなかった。日本語のラジオを聞き、日本語の新聞を読み、日本語の映画しか見なかった。記憶すべき例外が一つだけあって、私はアメリカ映画の「ジュリアス・シーザー」を見にいった。これはシェイクスピアの芝居の中でも、私が嫌いな作品の一つだった。しかし私は、その詩の響きに酔い痴《し》れてしまった。映画館を出た時は、ほとんど酩酊《めいてい》状態だった。私が日本語にどれだけ打ち込もうと、それ以上に私の中の何かが、英語の言語の響きに深く揺り動かされたのだった。これは、必ずしも悲しむべきことではなかった。もし私が、日本語で書かれた作品の美しさを過不足なく翻訳で再現しようとするならば、英語に対する私の愛情なくしてそれが出来るはずもなかった。

京都に住んでいた当時、たまに共通の友人の紹介状を持ってアメリカ人が訪ねてくることがあった。これは場合によって喜ぶべきことだし、結果として友情が生まれることもある。しかし、それ以上に腹の立つことの方が多かった。ある訪問者が、どこか有名な場所に案内してほしいと頼むので、私は自分が一番よく知っている京都の寺——たとえば龍安寺、等持院、仁和寺《にんなじ》などに連れていった。彼は、喜んでいるように見えた。しかし三番目か四番目の寺を見た後、私にこう尋ねるのだった、「寺以外に、どこか見るところはないのでしょうか」。見物は、そこで終わりだった。

もっとひどいのは、裕福なアメリカの出版社の社長が私を通訳代わりに使って骨董を買おうとした時だった。私たちは新門前《しんもんぜん》にある何軒かの骨董屋を見て歩いたが、社長はたいして関心を示さなかった。しかし、ついに金属で出来た幾つかの小さい人形の彫刻を見つけ、それが気に入った。社長は値段を尋ね、私は通訳した。店の主人は、値段を言った。アメリカ人の社長は以前に誰かから、東洋では値段は交渉によって決まるということを聞いたことがあった。そこで私に頼んだ。自分は貧しいアメリカ人で、そんな高い買い物は出来ないと店の主人に言ってくれ、と。私はそれが嘘だとわかっているから、自分が言わなければならない一語一語を嫌々ながら通訳した。店の主人の説明によると、その人形は委託販売の品で、持主と相談しないで値段を下げるわけにはいかないとのことだった。アメリカ人の社長の反応は、こうだった、「それが、彼らのいつものやり口なのだ。店を出ようとすれば、主人の気も変わるだろう」。主人は、値段を変えなかった。しかし二日後、アメリカ人の社長が日本を発った後に、店の主人から電話をもらった。人形の持主は貧しいアメリカ人が興味を持ったことに心を動かされ、喜んで値段を安くするということだった。私はこの交渉に深入りし過ぎていたので、人形を買わないわけにいかなかった。

しかし、ふだんの満ち足りた生活を中断させるこうした邪魔は、しょっちゅうあるわけではないし、やがて忘れてしまう。京都大学での勉強には幾つかの点で失望したが、最終的にそれは私のためになった。初めて大学に行った時、講義の予定表が欲しいと言ったら、そういうものはないと言われた。誰かの話によれば、国文学の教授は講義をやる予定だが、二、三週間は始まらないかもしれないということだった。このなんとも曖昧《あいまい》な状態は、私を不安にさせた。しかしフォード財団への義務を果たすため、大学への受講手続きをした。

最初の授業は、十月だった。私の覚えている限り、授業が実際に行なわれたのは年内にあと二、三回だけだった。学生たちはいつも指定された時間に教室に集まり、教授が姿を現すのを待った。十一月の頃にはすでに教室は寒く、暖房はなかった。私たちは、両手を尻の下に敷いて温めた。そのままの状態で二、三十分が経つと、誰かが「教授は、今日は来ないようだな」と言うのだった。私たちは立ち上がり、それぞれ家路についた。

その後、教授がめったに教室に姿を見せない理由がわかった。国立大学の教授に支払われる給料はわずかなため、足りない分をどこか別の大学で教えて稼《かせ》がなければならなかったのだった。しかし、のちに教室に出るのをやめて、研究室でだけ会うようになった時、教授は極めて親切に時間を惜しまず私の相手になってくれた。

教室に出なくて済むようになった結果として、私は思いのままに京都を楽しむことが出来た。手持ちの地図に、すでに見た名所旧跡には丸じるしをつけ、毎日出かけては未知の場所を探索して歩いた。私は下駄で歩くのが大好きで、日本人と同じようにカランコロンと音が立てられるまで練習した。一度だけ、鼻緒が切れて困ったことがあった。しかし、『たけくらべ』の似たような情景を思い出し、まさに自分が日本人と同じ経験をしていることに喜びを感じた。下駄は、京都を見て歩くには最高の「乗り物」だった。

20 「千鳥」の太郎冠者——生涯に一度の晴れ舞台

京都に住んだお蔭で、たいした苦労もなく日本の歴史について多くを知ることになった。以前は、たとえば銀閣寺を建てたのが義満であったか義政であったか、なかなか思い出せなかった。しかし、実際に銀閣寺を訪れて義政の彫像を見てからは、二度と二人の将軍を取り違えることはなかった。

同時に私は、自分自身についても多くを知ることになった。それまで私は、学者としての試金石は自分が書いたものが学術雑誌に発表されるかどうかにあると思っていた。だから平田篤胤《ひらたあつたね》について書いた自分の論文が、当時最も名高い東アジア研究の雑誌である「通報《トゥンパオ》」に掲載された時は嬉しかった。論文をおもしろく書こうと心掛けたが、私の目的は読者を喜ばせることよりむしろ新しい知識を読者に提供することにあった。たぶん、世界中で私の論文を読んだのは五十人もいなかったろう。

これと対照的に日本では、到着した時から報道機関の注目の的となった。新聞は私に原稿を依頼したし、ラジオにも出演した。日本の雑誌に私が初めて登場したのは、実は日本に到着する前のことだった。アメリカの学術雑誌に書いた佐佐木信綱『上代文学史』についての書評が日本語に翻訳され、(私の許可なく)雑誌「文学」に発表されていたのだった(一九五三年)。私の書評が佐佐木信綱に好意的でなかったのは、彼の国粋主義に同調することが出来なかったからだった。何であれ天皇の詠んだ歌に最高の賛辞を捧げるという佐佐木の政治的信念には、特に腹が立った。書評の最後を、私は次のような尊大な宣言で締め括《くく》っている。いずれは西洋の学者が、自分たちの手で日本文学の歴史を書かなければならないだろう、と。

この書評が日本で読まれることを、私は予期していなかった。佐佐木信綱が日本の詩歌の研究に多大な貢献をしたことを知っていたし、もし彼が私の手厳しい書評を知れば、それが老人の健康に影響を与えるのではないかと心配だった。同時に恐れたのは、私の結論が「外国人の方が佐佐木信綱よりましな日本文学史が書けるはずだ」という自己主張として解釈されるのではないかということだった。

書評の翻訳が掲載されると佐佐木信綱は動揺し、皇室に対する深い敬虔《けいけん》な気持を綴《つづ》った手紙を「文学」に発表した。文中で佐佐木は、（私のことを英国人だと思って）偉大なB・H・チェンバレンの時代以来、自分が英国の学問を尊敬してきたことを語っていた。

しかし、この不愉快な事件がきっかけとなって、「文学」の編集長だった玉井乾介《たまいけんすけ》と親しくなった。数カ月後、玉井は『源氏物語』の翻訳に関する原稿を私に依頼した。これが、日本語で書いた最初の雑誌論文となった。日本の新聞雑誌を見て、多くの日本人がもはや旧仮名遣いや本字を使わないことを知っていたが、私は、あえて海軍語学校で学んだ書き方で書くことにした。玉井は、当時私が書いた雑誌のほぼすべての編集長と同様に、黙って私の原稿を新仮名遣いに直した。

『源氏物語』についての原稿は、アーサー・ウェイリーの翻訳に対する絶賛の言葉で彩られていた。それだけウェイリーの翻訳は、学者としてだけでなく、ヨーロッパで戦争が勃発した際に人生の危機的状況にあった私にとって、大きな意味を持っていたのだった。私はウェイリーを称賛するだけにとどめるべきだったが、日本の読者にウェイリーの翻訳の偉大な価値を納得させようとするあまり、それが谷崎の現代語訳より優れていると述べた。その後間もなく、私は谷崎に会った。谷崎潤一郎は現存する日本の作家の中で、私がその作品をよく読んでいた唯一の作家だった。原稿が発表された後、私は谷崎にお詫びの手紙を書いた。谷崎から受け取った返事には、原稿は別に気にするほどのものではないと書いてあった。それはそうだろう、当たり前のことだ。無名の若い日本文学研究家が彼の翻訳についてどう考えようと、そんなものを大谷崎が相手にするわけがない。しかし私は、谷崎が腹を立てなかったことに感銘を受けた。

私が雑誌「文学」に書いた三番目の原稿は、玉井に依頼された『日本文学の古典』という本の書評で、これは日本文学をマルクス主義に基づいて解釈した本だった。もちろん私はマルクス主義のことを知っていたし、当時流行していた反米主義についてもよく知っていた。毎月、私は三大総合雑誌（「中央公論」、「改造」、「文藝春秋」）の目次に目を通し、時にはその原稿を読むこともあった。アメリカの独占企業的な資本主義の脅威を暴く記事が、常に少なくとも一つはあった。しかし、日本の古典文学をめぐる議論でマルクス主義に出会ったのは、これが初めてだった。私は読んで、愕然《がくぜん》とした。この本が『古今集』に触れていないのは、それが貴族によって書かれたもので民衆の手で書かれたものではないからだった。『源氏物語』は、支配階級の矛盾を暴露した作品として取り上げられていた。他の作品が称賛もしくは貶《けな》される基準は、すべてそれが「民主的」であるかどうかに掛かっていた。

私の書評は数カ月間、発表されなかった。ついに発表された時には、三人の著者の一人による反論が一緒に掲載されていた。その著者は私の書評を「投書」として片づけていたが、玉井は私の書評が依頼原稿であることを覚えているはずだった。反論は、私のことを「貴族的プチブル的腐敗した西欧人」と非難していた。今になってこのことを思い出すとおかしくなるが、当時はおかしいどころの話ではなかった。私に向けられた非難に誰かが応戦してくれるのではないかと期待したが、誰もしてくれなかった。友人の永井道雄は無視するよう助言してくれて、確かに彼の言う通りだった。これは学術雑誌の隔離された世界を離れ、波乱の多いジャーナリズムの世界に足を踏み入れるにあたって、私が払わなければならない代償だったのだ。

当時、最大の楽しみは狂言の稽古だった。その時私の頭にひらめいたのは、伝統芸術を学べば日本の文化がよりよくわかるのではないかということだった。いろいろな可能性について考えた中から、狂言を選ぶことにした。私は能に深い感銘を受けていたが、一方で狂言の言葉にも惹かれていて、「候《さうら》ふ」よりも「御座《ござ》る」と言った方がおもしろいのではないかと思った。私が借りていた家の大家さんに、どうしたら狂言の先生が見つかるだろうかと尋ねてみた。この質問が、まわりまわって大蔵流の茂山《しげやま》千作《せんさく》（先代）の耳に届いた。先代は、私が狂言を学ぶ初めての外国人ということもあって、子息の茂山千之丞《せんのじょう》を先生に選んでくれた。

毎週の狂言の稽古は、実に楽しかった。稽古は私の家で行なわれた。そこは隣家と随分離れていたので、狂言のセリフを朗々と述べる大きな声のために誰かが迷惑するということもなかった。狂言を覚えることは、まったく新しい経験だった。これまで私が受けた教育は、主として目を通して行なわれた。しかし今は、すべて耳に頼っているのだった。高校時代に芝居をやった時、演出家はひたすら自分が召使い役なら召使いに、とにかく与えられた役になりきるように想像力を働かせなさいと言った。しかし、狂言では想像力は必要ないのだった。私に課されているのは、千之丞の声や仕草を出来るだけそのまま真似することだった。この世界では一人前の狂言師になって初めて、「型を破る」ことが許された。自分の先生をひたすら真似することは、私をがんじがらめにするどころか、むしろ私に喜びを与えてくれた。まるで私は、前任者

太郎冠者を演じる著者　(1956年9月)

たちが代々受け継いできた狂言の長い歴史の一番お尻のところに自分が連なっているような気がした。

時には、稽古が別の場所で行なわれることもあった。羽織袴で家を出る時には照れくさかったが、人にじろじろ見られても気にしてはいけないと思った。ある時など、道路を走っていた若者の一団がその場に立ち止まり、びっくりしたように私を見つめていた。しかし私は、やがて気づいた。もし、人からじろじろ見られるのが嫌なら、狂言の舞台に立つなどもってのほかのことではないか、と。

「狂言師」としての私の短い経歴の頂点は、一九五六年九月十三日に喜多能楽堂で「千鳥」の太郎冠者《たろうかじゃ》を演じた時だった。酒屋の主人の役は、「武智歌舞伎」で有名な武智鉄二《たけちてつじ》が務めてくれた。その時の上演の一部を、五分ばかりのビデオで見ることが出来る（当時はビデオ・フィルムが極めて高価だったので、節約して使われた）。今それを見ると、そこで朗々とセリフを述べ、仕草をし、飛び上がり、果ては「おんまがまゐる」という言葉で退場する人物が、この自分だとはとても信じられない。もっと信じ難いのは、ビデオに写っている観客の顔ぶれである。谷崎潤一郎、川端康成、三島由紀夫、松本幸四郎（先代）をはじめとする著名な人々が居並んでいる。それは、私の生涯に一度の晴れ舞台だった。

21　終生の友、永井道雄と嶋中鵬二

いったん今熊野の素晴らしい住まいに落ち着くと、午前中は芭蕉の作品を読み、午後は京都の歴史的な名所を探索することにした。これは、日本での私の貴重な時間を無駄なく使う最善の方法であるはずだった。しかし幾つかの予期せぬ展開のために、この計画を変えざるを得ないはめになった。

最初の不測の事態は、今熊野に越してきて数週間後に起こった。大家さんの奥村夫人によれば、アメリカから帰ってきたばかりの京都大学の助教授が、母屋の一階の部屋に引っ越してくるというのだった。これは、なんとも歓迎すべからざる報せだった。その助教授は、おそらく私を稽古台にして英語の上達を図ろうとするか、さもなければアメリカ生活の数々の思い出を語って私を存分にもてなすに違いなかった。私は彼を避けることに心を決めたが、これはなかなか難しいことだった。私が出かける時には、否応なく彼の部屋の前を通らなければならなかった。彼が引っ越してきてから、その部屋のそばを通る時にはいつも慎重に振舞った。上を向くか自分の足元を見て通り過ぎたが、それでも彼が半熟卵を食べている姿が視野の隅に入ったりした。ある日、私たち二人の食事を準備した奥村夫人は、いかにも済まなそうに、こう言ったのだった。その晩はお客があるので、夕食は助教授と一緒にしてもらえないだろうか、と。いささか迷惑だったが、私は承知した。

その晩、助教授永井道雄と私は、奥の離れで食事をした。私たちが何を話したかは覚えていない。しかし私は、永井さんの温かい人柄にたちまち惹きつけられてしまった。また日本語で知的な問題を語り合うのは、実に楽しかった。永井さんはどうだったかというと、日本に研究に来たアメリカ人と話すのを楽しんでいたようで、アメリカ仕立てのノウハウを自慢するようなことはなかった。いずれにしても、それから以後、私たちは毎晩一緒に夕食を共にすることになった。

私は、終生の友を一人得たのだった。永井さんは、私より一歳若かった。しかし私は彼のことを教師として、いわば日本についての最初で最高の案内役として尊敬した。

一カ月前、奥村夫人から新聞は何を取りますかと聞かれた時、私は新聞を読む暇はないと答えた。これは浅はかな考えだったが、京都滞在中の一年間、私は日本文学について出来るだけ多くを知るように心掛けていた。同じ一時間なら、芭蕉の俳句について考える方が、新聞を読むより有効な時間の使い方だと私は考えたのだった。しかし、永井さんとの毎晩の会話の結果、現に生きている日本の文化を無視することは出来ないと気づいた。アーサー・ウェイリーが日本訪問の招待を断わったのは、ウェイリーの関心が平安時代にあって現代の日本になかったからだった。私もウェイリーに倣って、過去に没頭するつもりでいた。しかし永井さんの影響で、私は新聞を読み始めただけでなく、日本人の生活に参加したいと思うようになった。

私は日本の伝統芸能、中でも演劇を研究するグループに参加した。敗戦の結果、多くの日本人は伝統文化に疑いを抱くか、完全に拒絶反応さえ示すようになっていた。多能は今日との関連性がないから、いずれ姿を消すだろう――誰もが気軽に、そう予言したものだった。これは能に限った話ではなくて、文楽もそうだった。大阪の文楽は当時が黄金期だったが、それでも観客はせいぜい四、五十人だった。文楽の新しい観客を獲得する試みとして、『ハムレット』や『蝶々夫人』が人形浄瑠璃に仕立てられた。ほかに覚えている新作では、主人公が高貴な身分の犬というのがあった。また別の浄瑠璃の主人公は黒人との間に生まれた子供で、彼は肌の色のために級友に嘲笑《ちょうしょう》され、なんとか肌が白くなることを願って吹雪の中に立ち尽くすところで幕となった。

過去に拒絶反応を示したのは、なにも演劇の世界だけではなかった。俳句を二流の芸術と決めつけた桑原武夫の有名な論文は、多くの俳人に俳句を捨てさせたばかりでなく、歌人に短歌を断念させた。また日本画は、どんな流派であれ単なる装飾として斥けられた。アクション・ペインティングという抽象表現が、当時は流行した。私は記事で読んだことがあるが、ある画家などは、おもちゃのトラックを始動させ、そのトラックが動くに従ってキャンヴァスの上に絵の具を撒《ま》き散らし、こうして真に抽象的な芸術作品が生み出されるのだった。

日本の若者たちの切実な気持が、私には理解できた。彼らは新しい方法を実験する自由、新しい傾向を開発する自由を締めつける伝統の重荷を振り捨てたかったのだ。しかし私を嘆かせたのは、能や文楽や俳句が時代遅れとなり、やがて廃れてしまうかもしれないということだった。フォード財団から研究奨学金をもらったのは、現代の文学に伝統的なテーマが生きている事実を探るためだった。しかし、そうした研究に

永井道雄と軽井沢で　（1960 年前後）

何らかの意味を見出す機会はほとんどなさそうだった。日本の伝統を活性化させる試みとして、衆目の期待を一身に担っているように見えたのは、木下順二の『夕鶴』だった。それは現代劇としてのみならずオペラとして、また能としても成功していた。研究グループの人々は、どうしたら日本の伝統を守れるかという議論の中で、何度も『夕鶴』の名を挙げていた。

芭蕉の墓前にて　（滋賀県膳所）

最初は研究グループの会合が楽しかったし、会員たちはいつも私に親切だった。しかし私が受けた印象では、彼らは個人としての私に興味を持っているのではなかった。私は常に、日本人以外の外国人すべての代表だった。たとえば何かの芸術作品についてどう思うか、私自身の考えを聞かれることはめったになかった。代わりに私が尋ねられたのは、外国人はそれについてどう考えるかということだった。しまいに、私は会合に出席するのをやめた。永井道雄と話している方が、遥かに楽しかった。

初めて京都から東京に出かけた時、永井さんは幼なじみの嶋中鵬二に紹介状を書いてくれた。中央公論社は当時、東京駅の真向かいにある丸ビルの中にあった。嶋中さんは永井さんの紹介状を読んだ後、礼儀正しい言葉遣いで、お役に立てることがあったら何でも言ってくださいと言った。私は最初、永井さんから感じたような人柄の温かさを、嶋中さんに感じることが出来なかった。しかし時間が経つにつれて、嶋中さんも同じように私の親友となった。のちに永井さんと嶋中さん（二人とも私より若かった）を相次いで失ったことは、私にとって二度と立ち直れないほどの打撃だった。

奨学金を受けた私の研究テーマについて嶋中さんに話すと、助言を求めるには木下順二が最適の作家だと言って、直ちに木下さんと会う手筈《てはず》を整えてくれた。その後の嶋中さんとの数十年に及ぶ付き合いは、いつもこうした形をとった。彼は常に私が会うべき最適の人物を知っていたし、調べるにあたって最適の書物、また何かの学術的な問題を解決するにあたって最適の学者を知っていた。

木下さんとの出会いは、あらゆる点で気持がよかった。私は、木下さんが無名の外国人研究家のために喜んで時間を割いてくれたことに感謝した。しかし私たちは、一つの点で意見が食い違った。木下さんは『夕鶴』のような作品で伝統的な民話の材料を使うことに成功していたが、過去の貴族的な伝統に基づいた新しい作品を作ることには興味がなかった。これには、多少がっかりした。私は、たとえば小野小町《おののこまち》の伝説をもとに木下さんが戯曲を書いてくれたらいいのにと思っていたのだ。この時、まだ知らなかったが、嶋中さんが次に紹介してくれた作家三島由紀夫は、すでに近代能「卒塔婆小町《そとばこまち》」を書いていた。

嶋中さんはまた、私に「中央公論」に執筆することを勧めた。私は戦時中からこの雑誌の名前を知っていて、当時、ホノルルの情報局は日本政府が「中央公論」を発行停止にしたという情報を摑んでいた。なぜ発行停止になったかは知らなかったが、おそらく軍部の方針に反対したからに違いないと思った。そうした高名な雑誌に執筆を依頼されるのは、大変名誉なことだった。実際に「中央公論」に書き始めたのは、一九五五年一月になってからだった。その年、私は「中央公論」のために六本の原稿を書き、「婦人公論」にも一本書いた。

これらの原稿は、すべて日本語で書いた。私は日本の社会と直接に関わりたいという気持を、そういう形で表したかったのだった。嶋中さんは掲載する前に原稿に目を通し、私の日本語に間違いがないかどうか確認した。ところが嶋中さんは、私の表現が通常の日本語と違っていても、場合によってそのままにした。私の変わった言葉遣いが日本の作家たちを刺戟し、新しい表現を生み出すことになればいいと思ったのだった。

これらの原稿は、のちに『碧《あお》い眼の太郎冠者』という本にまとめられた。この題名は、狂言に出演したことから私につけられた渾名《あだな》だった。この本を現在読んでみて改めて驚くのは、光栄にも谷崎潤一郎が序文を書いてくださったことだった。同時に私は、自分の意見が基本的にほとんど変わっていないことにも驚いた。しかし、当時よりも私は幾分寛容になっているのではないかと思う。たとえば「外人への先入観に抗議する」と題された原稿を読んで、私は考えた。山本や佐藤といった名前の誰かが名刺を差し出し、振り仮名のついていない彼らの名前を、わずか六十年しか日本語を勉強していない私が読めたことにびっくりしたとしても、現在の私なら抗議するよりはむしろ微笑をもって応じるのではないか、と。

22　グレタ・ガルボを芝居に連れていく

京都での最初の一年を大いに楽しんだので、ここを離れる気になれなかった。ケンブリッジ大学に手紙を書き、もう一年日本に滞在してもいいか尋ねてみた。しかしこの要望は、拒否された。同じ頃、私はコロンビア大学から誘いを受けた。あと一年日本で暮らすことに、コロンビア大学は異を唱えなかった。それで話は決まった――私はケンブリッジを辞めることにした。この時の決断を、何度か惜しいと思ったことはある。特にケンブリッジに立ち寄ることがあって、その比類ない美しさに再会した時はそうだった。しかし、たぶん私の選択は正しかったと思う。

二年目の京都滞在は、前年よりさらに実りあるものだった。私は *Anthology of Japanese Literature*（『日本文学選集』）全二巻を編纂し、この選集は日本文学を学ぶ次の世代の外国人研究者たちに、かなりな影響を及ぼすことになった。私は多くの日本の作家と出会い、現代文学を初めて幅広く読んだ。また何人かの作家と友達になり、特に三島由紀夫との交遊は彼の死まで途切れることなく続いた。私は、谷崎潤一郎に数え切れないほど何度も会った。だからといって、谷崎の友達になったとは言い難い。私たちは年齢、教養ともに、あまりに隔たりがありすぎた。しかし、谷崎家に招かれることは楽しかった。ある時、志賀直哉と一緒に夕食の客となったことがあった。その晩の会話を書き留めておけばよかったと思う。しかし、その時は一語でも忘れるなんて思いもしなかったのだ。

東京で、私はある夫婦と出会った。二人は、その後数年間にわたって私の生活で非常に重要な役割を演じることになった。夫のフォビアン・バワーズは占領軍時代、日本から「封建的」な要素をすべて取り除くことに躍起となっていたアメリカの検閲官から、歌舞伎を救ったことで知られていた。彼は、東京とニューヨークの演劇を比較する本を書くために日本に戻っていた。彼の妻サンタ・ラマ・ラウは作家で、初代駐日インド大使の娘だった。彼女の本はアメリカで人気があり、一冊は日本語にも訳されていた。フォビアンは私のために歌舞伎の切符を手に入れてくれたばかりでなく、多くの歌舞伎役者に紹介してくれた。私たち三人は大いに気が合って、彼らが日本を発つ時、インド南部のマドゥライで再会する約束をした。

日本を離れるのは辛かった。私は、二度とふたたび日本を訪問できるだけの金を手にすることはないだろうと思っていた。飛行機の中で永井荷風の『すみだ川』を読み、その美しい日本語に涙が出そうになった。

予定通り、私はマドゥライでフォビアンとサンタに再会した。二人は車を借り、東海岸を北上し、最終的にデリーへ出る計画を立てていた。彼らには、写真家が一人同行していた。退屈なジョークばかり言う彼を、私たちはひどく嫌うようになったが、お蔭で三人の絆はかえって深まった。私たちが何日か滞在した国立宿泊所は暑くて居心地が悪かったし、料理は概してひどかった。旅に付き物のこうした難儀の数々に加えて、私たちには写真家の存在が鬱陶《うっとう》しく重荷だった。私たちが旅したところは、インドの中でも最も人口の少ない寂れた地方だった。それでもなお、私たちは一週間の間ずっと笑い続けていたような気がする。

私は英国に戻り、自分の本をケンブリッジからニューヨークへ送る手配をした。バワーズ夫妻は、私よりも先にニューヨークに戻っていた。私は、たちまち彼らの交際仲間に引き入れられた。仕事が忙しい私は、たいして二人には会えないはずだった。それはコロンビア大学で教える最初の年で、私は日本の文学と歴史の講義を新たに準備しなければならなかった。同時に、太宰治の『斜陽』の翻訳もしていた。にもかかわらず、一週間のうち四夜か五夜をバワーズ夫妻と過ごし、よく芝居やオペラにも一緒に行った。彼らはいつも、私のために特等席の切符を用意してくれた。

時々、彼らの家で開かれる「名士のパーティー」に出席した。フォビアンは、どうすればこうした名士たちを集めることが出来るか教えてくれた。その秘訣は、一人の名士に出席したいという意欲を抱かせればよいのだった。それさえ成功すれば、あとは「誰それさんが来るのよ」と言うだけで、ほかの名士たちが自然と集まってくるのだった。最初、こうしたパーティーでは緊張した。これまで私は、名士の資格を持つ人物に会ったことがなかった。名士たちと交わした会話は多くの場合、本質的に私の興味のある内容ではなかったし、その内の誰かと再会するということもめったになかった。しかし、彼らに会ったことを思い出すと愉快になる。もっとも、その多くはすでに死んでしまったが。

私が会った中で最も忘れ難い名士は、間違いなくグレタ・ガルボだった。ガルボはジェーン・ガンサーの親友で、ジェーンの夫は有名なジャーナリストのジョン・ガンサーだった。ジェーンは非常に頭がよく、何でもよく知っている女性で、ジョンの世界漫遊の旅にも同行した。モスクワで彼らがフルシチョフに会った時、フルシチョフが言った最初のセリフは、「アメリカの男は誰でも、こんなに美人の妻を持っているのかね」というのだった。ジェーンはバワーズ夫妻にガルボを紹介し、のちに私にも紹介してくれた。

ガルボは、だいぶ前に隠退していた。しかし彼女は、今なお最高の映画女優として人々の記憶に残っていた。ある日、ジェーンから電話がかかってきた。ガルボを芝居に連れていってくれないかというのだった。もちろん私は、喜んで引き受けた。芝居は『アンネの日記』だった。開演前、ガルボはほとんど口を利かなかったし、休憩時間はプログラムで顔を隠していた。芝居が終わる直前に私たちが劇場を出たのは、皆の視線を浴びるのを避けるためだった。劇場から出て、私たちはちょっとの間、タクシーを待った。通り過ぎる車の運転手たちはガルボに気づき、あの有名な顔をよく見るために誰もが車を止めてしまった。

ガルボにあと一度だけ会ったのは、ジェーンの家だった。もう一人の客は、偉大なインドの作家R・K・ナラヤンだった。ガルボはソファの端に坐り、何も言わなかった。よく見ると、彼女がもはや美しくないことに気づかざるを得なかった。特に覚えているのは、口紅がはみだして塗りつけてあることだった（ジェーンによれば、ガルボは鏡に自分の顔を映すのが堪えられなかった）。しかし、ナラヤンが死者の世界にいる亡妻との会話について語り出すと、ガルボの好奇心が目覚めた。しばらくの間、私たちは、あの世界を魅了した顔をふたたび眼にしたのだった。

こうした集まりで、私が名士たちのちょっとした関心の対象になったのは、日本が俄然《がぜん》人気の的となっていたからである。それまで日本の文化が中国の模倣に過ぎないと決めてかかっていた人々でも、ニューヨーク近代美術館に建てられた日本家屋や、アメリカの様々な都市で開かれた日本の国宝の展示会を見た後では、考えが変わったようだった。その頃初めてアメリカに紹介された禅の教えも、神のいない宗教として知識人たちの人気を集めた。もっと重要な要因となったのは、「羅生門」に始まる日本映画の思いがけぬ流行だった。ふつうであれば日本文学の教授に何を話しかけていいか戸惑うカクテル・パーティーの参加者たちも、日本が流行の先端となったからには私を質問攻めにせざるを得なかった。

私が直接関わっている分野で言えば、数々の出版社が現代の日本文学の翻訳に新たな関心を持ち始めた。その口火を切ったのはクノップ社の編集長ハロルド・ストラウスで、クノップ社は翻訳文学を手掛けるアメリカの出版社の中では最大手だった。ストラウスは戦時中に多少の日本語を身につけ、(助けを借りながら)日本の小説の世界に分け入っていったのだった。

ストラウスは、愛すべき人物ではなかった。彼はいかにも尊大に構えていて、「翻訳者など掃いて捨てるほどいる」といったようなことを平気で言う人間だった。エドワード・サイデンステッカーの素晴らしい翻訳にもかかわらず川端康成の『雪国』が売れなかった時、ストラウスは二度と川端のように「淡白で無力な文学」は出版するものかと宣言した。しかし川端がノーベル文学賞を受賞するとストラウスは考えを変え、『山の音』を出版した。三島が自決した夜、ストラウスは私に電話してきて、翻訳にもっと高い原稿料を払う用意があると言った。

これら数々の欠点にもかかわらず、ストラウスは現代日本文学に関わりのある人間すべてから感謝されていい人物だった。大佛次郎《おさらぎじろう》『帰郷』の翻訳を企画したのはストラウスで、これは二十五年前に二葉亭四迷の『其面影《そのおもかげ》』の翻訳が出てから初めてアメリカで出版された日本の小説だった。『帰郷』は、日本人の主人公が自国の文化を再発見する物語である。もともと日本の文化に馴染みのない多くのアメリカ人読者にとっては、この小説は再発見というよりはむしろ発見そのものだった。クノップ社が出した次の小説、谷崎潤一郎の『蓼喰《たでく》ふ蟲《むし》』もまた、伝統の再発見を描いた作品だった。

他のアメリカの出版社もクノップ社の例に倣ったが、中にはどちらかというと伝統的でない作品を好んで出した出版社もあった。こうして、おそらく一九五〇年代の「日本ブーム」が最長記録を作る結果となったのだった。

Ⅲ

23　国際ペンクラブ東京大会

一九五五年に日本を発った時、私が飛行機の中で泣いたのは、日本へ来られるだけの旅費を二度と手に入れられないと思ったからだった。ところが実際には毎年少なくとも一カ月、私はなんとか日本で過ごしてきた。飛行機の切符代が手にあまるような時には、どこかの組織から必要な資金を得ることに成功した。たとえば一九五六年、私は「ニューズウィーク」誌から飛行機代を受け取り、代わりに日本での出来事について五つか六つの原稿を書いた。その中の一つだけが活字になった。

一九五七年、私は東京と京都で開催された国際ペンクラブ大会の代表の一人に選ばれた。この名誉に与《あずか》ったのは、アメリカのペンクラブで唯一日本語が話せる会員が私だったからである。こうした経験は初めてのことで、自分が昔から親しんできた作品の著者に会い、直に言葉を交わすことが出来るかと思うと興奮した。この時の大会は、なんとも素晴らしい顔ぶれだった。ふつうならこの種の集まりを避ける有名な作家たちが喜んで招待を受けたのは、開催地が日本だったからだった。多くのアメリカ人作家は一九二〇年代、三〇年代にパリやロンドンに住み、郷愁を誘うような滞在記を発表していた。しかし、たぶん有力作家で東京を訪れたことのある人物は一人もいなかった。「外国へ行く」とは、すなわちヨーロッパへ行くことだったのだ。これが日本になったのは、そこがまだ馴染みのない魅惑的な土地だったからである。

アメリカ代表には、ジョン・スタインベック（数年後にノーベル文学賞を受賞した）、ラルフ・エリソン（アフリカ系アメリカ人の中で一番知られた小説家だった）、ジョン・ドス・パソス（彼の小説『USA』は私の愛読書だった）、そしてジョン・ハーシー（広島への原爆投下に関する有名な本を出版していた）がいた。同じく著名な英国代表には、スティーヴン・スペンダー、アンガス・ウィルソン、キャサリン・レインがいた。多くの国々から代表が集まり、その中には亡命作家もいて、彼らは祖国に帰ることを禁じられて異郷で生活するということがどういうことか、苦い思いで作品に綴ってきた作家たちだった。

当然のことながら一番数が多かったのは、日本ペンクラブ会長川端康成の率いる日本代表だった。日本人は、この大会の成功を誇っていい理由が十分にあった。ペン大会は戦後日本で開かれた最初にして最大の文化行事で、学校の児童までがこの会議のために献金したのだった。

一番無名の代表の一人だったにもかかわらず、私が日本の新聞記者に人気があったのは日本語が話せたからである。誰もが、次のような鋭い質問を熱心に浴びせたものだった。「外国の作家たちは、日本をどう思っていますか」「日本の作家の中で誰が一番人気があるでしょうか」「昨夜の日本料理に満足しなかった代表たちが、その後でステーキを食べにレストランへ行ったというのは本当ですか」等々。私はすぐにこうした質問にうんざりしたが、インタビューに慣れているプロの作家たちは、辛抱強く記者たち一人一人の質問に答えていた。彼らは、「その質問には、もう十回も答えたよ！」などとは口が裂けても言わなかった。

私は記者の一人を知っていて、それは高橋譚《たかはしたん》、昔の捕虜だった。高橋は、グアムで同盟通信の記者をしていて餓死寸前のところを捕虜となった。私はハワイで彼を尋問し、その後、何度か日本でも会っていた。私たちは、忘れ難い経験を共有していた。

ハワイで尋問したある捕虜が、どうしてもクラシック音楽が聴きたいと言ったことがあった。私は誰の許可も得ずに、捕虜収容所に蓄音機とレコードを持ち込むことにした。捕虜の誰もがクラシック音楽に興味があるとは限らないと思った私は、ホノルルで日本の歌謡曲のレコードを買い、最初にかけた。次にかけたのは、ベートーヴェンの第三シンフォニー『英雄』だった。そこは捕虜収容所のシャワールームで、レコードは見事に響き渡った。最初のうち音楽を聴きながら、私は捕虜たちの顔に浮かんだ表情を観察せざるを得なかった。私が感じたのは、国籍の違いや戦争を越えて、音楽が私たちを一つに結びつけたということだった。しかし、やがて演奏に我を忘れた私は、ほかのことが何も考えられなくなった。今でも、私の大好きなシンフォニーは何かと尋ねられたら、決まって『英雄』と答えることにしている。

終戦後、私はこのコンサートについてエッセーを書いたが、「ニューヨーカー」誌は私の原稿を没にした。偶然、高橋は私と同じ題名で記事を書き、彼の原稿は日本の雑誌に発表された。それによれば高橋は、最初、なぜ私が『英雄』を選んだのか考えたそうである。たとえば私は、捕虜たちにベートーヴェンの自由の理想を植えつけようとして『英雄』をかけたのだろうか。あるいは、音楽を聴いている間、捕虜たちを油断させて本音を吐かせようとしたのだろうか。しかし最終的に高橋は、私の唯一の意図が、ただ音楽を一緒に楽しむことにあると判断したようだった。

会議で、高橋は内緒話をするように私を脇へ連れていき、幾つかの質問をした。旧知の間柄であることを利用して、私から代表たちの秘密の話題を探り出そうとしたのだった。実際のところ、その種の話題はほとんどなかったが、私が知っている範囲の情報は喜んで漏らした。

ペン大会は、私にとって作家の世界への正式な仲間入りだった。東京で、私たちは帝国ホテル（旧館）に宿泊し、一緒に朝食を食べた。朝食の席で交わされた皆の会話には、がっかりした。ほとんどの代表にとってこれが初めての日本訪問であったにもかかわらず、前もって日本文化に親しむという準備を怠っていたようだった。彼らは、自分が理解できないものは嘲笑《あざわら》う傾向があった。

全員を感動させた唯一の文化的行事は、能の上演だった。ところが上演が終了するや、記者たちはそれぞれの代表を取り巻き、「さぞ、退屈なさったでしょう」と質問するのだった。自分たちにとって退屈極まる芸術が、まさか外国人にわかるなどとは想像も出来ないのだった。

1957年、京都青蓮院で、スティーヴン・スペンダー（左）、アンガス・ウィルソンらと

数日後、大会は東京から京都へ移った。私は京都に二年間住んでいたので、何人かの代表を名所に案内する役目を買って出た。私が特に覚えているのは苔寺を訪問した時のことで、スティーヴン・スペンダー、アンガス・ウィルソン、そしてアルベルト・モラヴィアが一緒だった。京都の知り合いで車を持っているのは、青蓮院《しょうれんいん》のお坊さんだけだった。私たちの好きなところへ連れていくことを、彼は喜んで承知してくれた。車は非常に小さかったが、私たち四人（と運転してくれたお坊さん）は、詰め合って乗り込んだ。苔寺で私たちは、有名な苔の庭の印象を一人ずつ詩に書いた。私はその後、これらの作家とめったに会うことはなかったが、スペンダーの日本滞在は日本文学に対する彼の関心を呼び覚ましたようだった。スペンダーは自分が編集する「エンカウンター」誌に、私が翻訳した三島の近代能「班女《はんじょ》」を

掲載した。

このペン大会は、日本文学を世界文学に不可欠なものとして認めさせる一つの要因となった。今一つの要因は、自分で言うのも憚《はばか》られるが、すでに触れた一九五五年から五六年にかけて私が編纂した『日本文学選集』全二巻の刊行だった。アーサー・ウェイリーの『源氏物語』『枕草子』及び謡曲の翻訳は、鋭い審美眼ある読者を惹きつけたが、ウェイリーの本の多くは印刷されてもわずか三千部で、その半分が英国、半分がアメリカだった。ウェイリーの翻訳を傑作と認める人々でも、それは虚空に聳《そび》える孤峰だと考えていた。英語で書かれた唯一の日本文学史が出版されたのは一八九八年で、すでに時代遅れで役に立たなかった。というわけで、私の選集は真の需要を満たすという目的にかなっていたのだった。

現在の時点で選集二巻の内容を見ても、そこに収録された作品の選択が適切であったことに驚きを覚える。たぶん、初心者ゆえの幸運だったろう。なにせ日本文学の研究を始めてからわずか十年しかたっていなくて、私は多くの主要な作品についてまだよく知らなかった。ウェイリーの翻訳の存在や、新たに翻訳を手掛けてくれた友人たちに助けられたが、あくまで編纂の責任は私にあった。この選集のために（二年でなく）四、五年かけていれば、もっとましな仕事が出来たに違いない。しかし五十年後の今日でも、この選集は日本文学を教えている西洋の大学なら、どこでも授業で使われている。

24　一九五七年夏、ニューヨークの三島由紀夫

一九五五年、たまたま私は三島由紀夫が「新潮」に発表した近代能「班女」を読んだ。すでに三島の小説を読んでいたし、彼の芝居が上演されたのを見たこともあった。しかし、近代能との出会いはこれが初めてだった。私は「班女」に大変感銘を覚え、翻訳することにした。

演劇は、常に三島と私の友情を深める役割を果たした。いかにも象徴的なことだが、私たちが初めて会ったのは前年の十一月、歌舞伎座の前だった。私たちは最初から気が合って、三島は私を歌舞伎や能に誘ってくれた。文楽に行かなかったのは、東京で生まれ育ったことを誇りにしていた三島が、人形浄瑠璃を田舎芸術として軽蔑していたからである。

一九五六年初めにニューヨークで受け取った最初の手紙の一つで、三島は私が「班女」の翻訳を完成したことを喜んでいる。「班女」の翻訳は、スティーヴン・スペンダーが編集する文学雑誌「エンカウンター」の一九五七年一月号に掲載された。私はこの翻訳をハロルド・ストラウスに送ったが、ストラウスは一般読者向きでない本を専門に扱う出版社にあたってみるように勧めた。ところが私の「卒塔婆小町」の翻訳を読んだ後、ストラウスは考えを変え、三島の近代能の五作品すべてを出版することに決めた。

私の英訳で上演された舞台が、「班女」そのものの初演となった。吉雄《よしお》の役をやったのはアイヴァン・モリスで、彼はやがてコロンビア大学で同僚となり、私の親友になった。上演は成功し、近代能の海外での上演を望んでいたようだった三島を元気づけた。一九五七年夏、三島がニューヨークを訪問することにしたのは、英訳『近代能楽集』の出版に刺戟されたからだった。三島は六月、私に手紙をくれ、翌月にニューヨークに到着すること、何よりも芝居が見たい、特にミュージカルが見たいと言ってきた。三島は、ふつうの対話劇ではセリフが理解できないかもしれないと危ぶんでいた。

三島が到着して間もなく、ニューヨーク・タイムズがインタビュー記者を送って寄越した。『近代能楽集』だけでなく同じ頃に出た『潮騒』の翻訳に興味を持ったストラウスが、ニューヨーク・タイムズに三島の到着を報せたのだった。私は何度か、その記者が文学者について書いた記事を読んだことがあった。しかし、今回のインタビューで彼が無能であることが判明した。最初、三島はお決まりの質問に英語で答えていた。たとえば、「ニューヨークを訪れたのは、これが初めてですか」「どのくらいの期間、滞在する予定ですか」等々。それから記者は、前もって送られていた手元の資料を見ながら、次のように言ったのだった。「ここには、あなたが戯曲集を出版し、同時に小説も出版していると書いてあります。どちらなんですか、つまり、あなたは劇作家ですか、それとも小説家ですか」と。三島は、明らかにうんざりした調子で日本語に切り替え、私に通訳をまかせた。馬鹿げた質問が次々と続いたが、私は通訳せざるを得なかった。

インタビューの後、記者が自分のことを何一つ知らないことがわかった三島は、私にこう尋ねたものだった。ニューヨークで有名になるには、どうすればいいのかな、と。三島は通りの真ん中で自分を呼び止め、サインを求める人々に慣れていた。三島が私に話してくれたことによれば、一度など若い女がマジック・マーカーを差し出し、自分の下着にサインしてくれと頼んだそうである。記者の無関心は、三島にとってショックだったのだ。私は、三島に言った。ヘミングウェイとフォークナーが腕を組んでタイムズ・スクエアを歩いていたとしても、誰も彼らに気づきませんよ、と。

ところが『近代能楽集』の翻訳が出版されて間もなく、上演をプロデュースしたいという志願者から出版社に電話が入り始めた。三島は作品が評価されたことを喜び、志願者すべてを面接した。三島は、最終的に二人の極めて頭のいい若者を選んだ。彼らは、三島の芝居をプロデュースする方法について素晴らしい考えを持っていた。次に演出家が選ばれ、俳優や女優のオーディションが行なわれた。日本の芝居の世界ではかなり経験があった三島は、それぞれのセリフに耳を傾けながら、「もっと表現豊かに」とか「もっと明晰《めいせき》に」とか注文をつけた。オーディションの緊張で神経質になっていた何人かの女優は、思わず泣き出した。プロデューサーは、やんわりと三島をたしなめ、アメリカでは作者が芝居を演出するという慣例はないのだと言った。

二人のプロデューサーは、芝居の上演に必要な資金を集められる自信があった。「ただ、肝心なのは」と彼らは言った。その金が「ひも付き」でないことを確認することだった。たとえば、自分の奥さんを芝居に出すことを交換条件に金を出すような後援者は、断固として拒否する覚悟だった。資金集めが思うようにいかず、待っているのに疲れた三島は、息抜きにメキシコへ出かけた。自分が戻ってくる頃には芝居がリハーサルに入っていることを、三島は期待した。メキシコにいる間、三島はニューヨークの新聞を買っては芝居の開演の告知が出ていないか必ず目を通した。

「ひも付き」であれ何であれ、プロデューサーたちは資金集めに難渋していた。彼らの判断では、演目として選んだ三つの近代能の雰囲気が、どれも似通っていることに問題があるのではないかということだった。そこで彼らは、三島に提案した。「葵上」と「卒塔婆小町」の間に挟む近代狂言を書いてみてはどうか、と。三島は、狂言そのものの滑稽味を近代狂言で生かす難しさを知っていた。狂言の滑稽味は、なんといっても誇張された身振りと抑揚に富んだセリフにあった。ところが三島は、「花子《はなご》」の近代版なら可能かもしれないと考えた。つまり原作の大名を実業家に、太郎冠者を執事に変えるのだった。禅の瞑想の場面は、当時ニューヨークで人気のあったヨガに書き換えることが可能だった。最終的に、私が狂言に特別な関心があることを知っていた三島は、私に近代狂言を書いてみないかと勧めた。原作の幾つかの部分は、中世日本ではごく普通の表現だが、現代の芝居としては通用しないことに三島は気づいていた。たとえば大名が太郎冠者に、命令を聞かないと殺すぞと脅すようなところは、現代の観客にはどこが滑稽だかわからない。一方、大名の妻が太郎冠者に、なぜ瞑想にふけっているのか理由を言わないと叩くぞと脅すところはおもしろいし、そのまま生かせると三島は考えた。現代でも、女は怒りに駆られて同じことを口走るかもしれない。

三島は、ほかにもいろいろヒントを与えてくれた。しかし、どんなに努力しても、私には三島がいつも簡単にやってのけることが出来なかった。私は、あらゆることを試してみた。たとえばモリエール風の喜劇に仕立てたり、登場人物にギリシャ人の名前をつけたりしたが、どれ一つとしてうまくいかなかった。私は、自分が失敗したことを三島に打ち明けた。すると三島は、アメリカの中学生が使うような帳面を買ってきて、「花子」でなく「附子《ぶす》」を下敷きにして近代狂言を書いた。信じられないような速さで一気に原稿を仕上げ、一語の直しもなかった。

プロデューサーたちは、近代能二作と近代狂言一作の新しい組み合わせで後援者を見つけようとしたが、やはりうまくいかなかった。この時点で彼らは、問題はアメリカ人が一幕物を好まないことにあると判断した。そこで三島に、三つの近代能を一つの芝居に書き換えてくれないかと頼んだ。いくら三島でも、これは事実上不可能だろうと私は思った。三作とも登場人物はまったく異なっているし、芝居の雰囲気も全然違う。それを、どうして一本の芝居に仕立てることが出来るだろうか。しかし、なんとしても自分の芝居がニューヨークで上演されるのを見たかった三島は、不可能を実現してしまった。つまり、三本の芝居をまとめて一本にしてしまったのだ。新しい作品に、三島は二重の意味を持たせた英語の題名をつけた——"Long After Love"（「愛を求めて」と「愛が冷めて」）。

この英雄的な行為は、何の代償ももたらさなかった。若いプロデューサーたちは、相変わらず後援者を見つけることが出来なかった。その間、三島は金を使い果たしつつあった。三島はウォルドルフ・アストリアの近くの快適なホテルから、グリニッチ・ヴィレッジの見るからに居心地の悪いホテルへと移った。何より悪いことに、三島には何もすることがなかった。私に語ったところによれば、外国語をしゃべる人間に取り巻かれていると、彼は日本語が書けないのだった。三島はブロードウェイのミュージカルをすべて見てしまった上に、素人劇団がやっている劇場にまで足を運んだ。

彼の苛立《いらだ》たしい気持がよくわかったが、何もしてあげられなかった。大学の講義がびっしり詰まっていたし、私には三島が東京で連れていってくれるような料理屋でご馳走してあげる金もなかった。私もただ待つしかなくて、何の役にも立たなかった。後になって私は、自分の優柔不断を恨めしく思ったものだ。ニューヨークに腹を立てた三島は、その年の大晦日、ついにヨーロッパへ向けて発った。二度と戻ってくるつもりはないようだった。

25　毎夏、暑い京都で「近松」の翻訳に専念

一九五〇年代後半の生活は、毎年同じパターンを繰り返すことになった。九月から五月末までニューヨークのコロンビア大学で日本語と日本文学を教え、長い夏の休暇の三ヵ月間は京都で過ごした。

当時は、最終目的地に行く途中でどこかに立ち寄っても航空料金は同じだった。そこで私は、いつも日本を往復する際にサンフランシスコとホノルルに少し滞在した。時たま、飛行機がウェイク島で給油することがあった。乗客たちは飛行機の準備が整うまで、切符のクラスに関係なく同じ待合室に坐って待った。ある時、自分の隣に坐っているのが外務大臣の藤山愛一郎であることに気づいた。私が日本政府の要人と会話を交わしたのは、これが初めてのことだった。

その後、ニューヨークからアンカレッジ経由の直行便で東京へ行くようになった。戦時のアリューシャン列島の憂鬱な思い出はまだ生々しく、私はアラスカに立ち寄る気がしなかった。しかしアンカレッジ空港は、なかなかおもしろかった。巨大な白熊の剝製《はくせい》のほかに、エスキモーの木彫り細工があり、またそこからは遠くの山々の景色が見渡せた。蕎麦《そば》に飢えていた日本人乗客は、飛行機が出発するまでの間、決まって一、二杯は蕎麦を平らげていた。免税店ではアメリカ人の売り子が、どんな顔つきの客が入ってこようと構わずに、「イラッシャイマセ！」と叫んでいた。お土産品を買いたがるのは、誰であれ日本人に違いないと思っているようだった。

毎年、ニューヨークで八、九カ月を過ごした後に日本に到着するのは大きな喜びだった。羽田で降りるたびに、私は飛行機を出迎える人込みの中に友達の姿を探したものだった。必ず何人かの友達がそこには待っていてくれて、中には非常に多忙な人もいた。羽田は都心に近いので、いかに忙しくても昔ながらの日本的な出迎えが可能なのだった。機上で一夜を過ごした後でいつも眠かったが、どうしても友人たちの近況が聞きたかった。私は、自分のために予約された赤坂プリンスホテルの部屋へと連れていかれた。もと朝鮮王室の邸宅だったホテルには、近代的なホテルにはない魅力があり、サービスは最高だった。各部屋に押しボタンがあり、それを押すと廊下に電灯がつき、三十秒以内に誰かがドアをノックし、たちどころに小包を包装してくれたり、靴をみがいたり、電報を打ってくれるのだった。部屋は毎朝、私が食堂で朝食を食べている間に清掃されていた。部屋の掃除をする人は、どういうわけか私が朝食を食べにいく時間を正確に知っていた。

東京で数日を過ごした後は、京都への帰宅となった。永井さんや奥村さんと会い、「我が家」にまた足を踏み入れることが出来て嬉しかった。奥村さんの愛犬プースケは、全身で喜びを表して私を迎えてくれた。ある年、京都に着いたらニューヨークから持ってきた夏服では寒いことがわかり、永井さんがスーツを一着貸してくれた。私たちが同じサイズであることがわかって、なぜか嬉しかった。靴の寸法も、永井さんと一致していた。

三、四年間というもの、京都で過ごす夏の間の私の仕事は、もっぱら近松門左衛門の浄瑠璃の翻訳に集中した。京都の夏は暑いことで有名で、日本の友人たちは私が自ら好んで夏の京都に住むなんて、正気とは思えないと言った。しかし今熊野は比較的涼しく、そして何よりも京都にいること自体が暑さに増して私には大切なことなのだった。

近松の翻訳は、日本語の力をためす大きな試練だった。私は原文を一語も漏らさずに翻訳する決意をしていて、それは「道行《みちゆき》」の部分も例外ではなかった。ふつう日本人の現代語訳では、「道行」の韻文はただの飾りとして無視され、削除されていた。近松研究家としての私の一番重要な発見は、「道行」の劇的重要性にあったのではないかと思う。「道行」の間に、徳兵衛も治兵衛も（あるいは、近松のどの世話物の主人公でもそうだが）優男《やさおとこ》から、愛人と心中できる悲劇の主人公へと変貌するのだった。私は、これを「歩きながら背が高くなる」と書いた。

毎週、私は大阪市立大学の森修教授の助力を仰いだ。森教授は暑いさなかに、私が翻訳している浄瑠璃のあらゆる注釈書を携えて、京都まで足を運んでくださった。教授はテーブルいっぱいに本を広げ、難解な一節に関する注釈者たちの解釈を一通り読み上げた後に、いつも極めて上品な言葉遣いで自分の意見を述べた。私たちは、わずか数行を読むのに午後の時間すべてを費やしたこともあった。

ある一節を完全に理解したと満足した時でも、私は原文の意味を正確に伝えるだけでなく、俳優にとっても自然で発音しやすい英語の言葉を見つけるのに苦労した。一語も漏らさず翻訳するという決意にもかかわらず、多くの掛詞《かけことば》は省略せざるを得なかった。たいてい掛詞には長い説明が必要で、それでは翻訳にならないからだった。ただし近松が頻繁に使っている縁語《えんご》は生かし、それに相当する英語を見つけようとした。次に挙げるのは『心中天網島』の滑稽な敵役《かたきやく》の太兵衛の歌の原文と、私の英訳である。

紙屋の治兵衛。小春狂ひが杉（過ぎ）原紙《はらがみ》で。一分小半（小判）紙塵々（散る）紙で。
内の身代漉（透き）破紙《やれがみ》の。鼻もかまれぬ紙屑《かみくず》治兵衛。

Jihei the paper dealer—
Too much love for Koharu
Has made him a foolscap.
He wastepapers sheets of gold
Till his fortune's shredded to confetti
And Jihei himself is like scrap paper

You can't even blow your nose on!
（紙屋の治兵衛は／小春を恋するあまり／自分を筆記用紙〔＝道化師のとんがり帽子〕にしてしまった／治兵衛は金箔を紙くずのように使い／ついには自分の財産をずたずたにして紙吹雪にしてしまった／そして治兵衛自身は紙くず同然になって／それでは自分の鼻をかむことも出来ない）

この一節では、（治兵衛が紙を商売にしていたので）紙に関連のある様々な言葉が、おもしろおかしく使われている。かねてから私は、縁語は日本独特のものと思い込んでいた。しかしこの翻訳をしていた時、偶然にもルーズヴェルト大統領のニューディール政策のことを書いた本を読んだ。文中に次のような縁語を見つけて、私は驚いた。「航空会社は火急の（crash＝墜落）プログラムを導入した」。この縁語は、もちろん偶然である。この本の著者は、なかば無意識に関連のある同義語を選んだのだった。「緊急（emergency）プログラム」の代わりに「火急の（crash）プログラム」としたのは、航空会社と墜落との関連性のためである。これは、どんな文章でも起こり得ることかもしれない。人が無意識のうちにやっていることを、近松は芸術にまで高めたのだった。

近松の浄瑠璃十一作の翻訳を完成させた後の数年間、私は能と現代戯曲の翻訳に取り組んだ。その中の何本かは、海外で上演された。たぶん一番成功したのは、三島の『サド侯爵夫人』だった。イングマール・ベルイマン演出のスウェーデンの劇団がニューヨークで大成功を収めたが、観客の多くはスウェーデン語が理解できないために、ヘッドフォンで私の英訳を聴きながら舞台を見たのだった。

多くの翻訳者は、戯曲に手を出そうとしない。戯曲を活字で読んだところで実際に舞台で見るのとは大違いだと考える人もいるし、翻訳劇が小説ほどは売れないことを承知している人もいる。私が戯曲の翻訳に固執するのは、おそらく子供の頃からの芝居に対する愛着から来ている。

自分の翻訳が舞台やラジオで上演された時、私は堅苦しい響きのセリフの一節に顔をしかめることがある。出版する前に必ず自分の翻訳を声に出して読んでいるはずなのに、こういうことが起こる。私の英語は、時に原文の日本語に「汚染」されることがあった。「雨が降っている」という日本語を前にして、翻訳者は特に考えもしないで、英語の順番もそのままに “The rain is falling.” と書いてしまったりする。これは文法的に正しくても、英語でそうは言わない。もちろん、“It is raining.”である。

日本文学のどんな作品にも、軽率な翻訳者には落とし穴があると言っていい。それが戯曲だと特に危険で、見当違いに選ばれた言葉がそのシーンを台無しにしてしまうことだってある。ところが場合によって、翻訳における力量不足が仕方のない時もある。『サド侯爵夫人』のフランス語による上演を見た時、私は三島がフランス演劇の約束事をいかに忠実に守っているかに気づいた。その自然さにおいて、英訳は仏訳にかなうはずがなかった。しかし、あらゆる障碍にもかかわらず翻訳者は、芝居が本当に好きであれば、原文の中に確かにあると自分でわかっていることを何とか自分の言葉で摑もうと、繰り返し翻訳を試みるのである。

26　木曜夜の吉田健一の「飲み友達」

コロンビア大学で教え始めて七年目の一九六一年、私は一年間のサバティカル（有給休暇）をもらった。最近のアメリカの大学教授は、自分の都合のいい時に一年でも二年でも自由に授業を休むことが出来るが、当時は、ちょうど一週間の最後に日曜日が来るように、待ち焦《こ》がれた授業からの解放が七年目にやってくるのだった。幸運にも私は、ある財団から日本の演劇の伝統的な形式について研究する助成金を手に入れた。それは、素晴らしい一年になりそうな気がした。

もし数年前にこの機会を与えられていたら、私は間違いなく京都の小さな「我が家」で、この一年を過ごしたに違いない。しかし、すぐ近くで新幹線の新しいトンネル工事が行なわれていて、「我が家」の目の前にある谷はトンネルで掘り起こされた土砂で埋まり、見るも無残な光景と化していた。京都に別に住む場所を探したが、どれも私が大好きな「我が家」とは月とすっぽんで比較にならなかった。思い切って私は、東京で新しい生活を始めることにした。この決意を正当化する理由として、首都には京都と比べものにならないほど多種多様な劇場があると思うことにした。

私が借りたアパートは、原宿だった。当時の原宿は、新宿と渋谷の間にあってそこだけ取り残されているような閑静な地域だった。あたりで一番目立つ建物は、教会と骨董屋だった。アパート暮らしは、特に京都に住んだ後ではどことなくわびしい感じがした。最大の不便は、私のために料理を作ってくれる人がいないことだった。私は自炊するか、近所で寿司を買って食べた。

東京に来た私を歓迎してくれる友人たちからの、夕食への招待が突風のように通り過ぎた後は、たいてい一人で食事をすることになった。これは日本では、初めての経験だった。かつて東京に短期間だけ滞在したような時には、友人たちは競って私と夕食の約束をしたものだった。しかし私が一年中東京にいることがわかると、誰も急ぐ必要を感じなかった。

東京に来て間もなく、三島由紀夫はこう言ってくれた。ほかに行くところがない時は、簡単な食事で構わなかったら、いつでも気軽に私の家に夕食を食べにきてください、と。私はその招待が嬉しかったし、彼と一緒に食事をするのはさぞ楽しかったろうと思う。しかし、わざわざ電話をして、ほかに行くところがないなんて言う気になれなかった。

この時点で、もう一人の友人吉田健一は、どういうわけか私が寂しいのではないかと思って、親しい友人たちとの毎週木曜日の夕食の会に私を招いてくれた。私が初めて吉田に会ったのは日本に来て二年目の時で、当時の私は嶋中鵬二の家に滞在していたが、そこから吉田の家はさほど遠くなかった。吉田は、私がいつも英語で話す日本では唯一の友人だった。永井さんも完璧な英語を話したが、日本語をしゃべっている時の方が永井さんらしかった。吉田の話す英語は、まさしく英国の上流階級の英語で、彼と日本語で話すのは何かおかしいような気がした。ただし、誰か日本人が一緒にいる時はお互い日本語で話した。吉田は、私がケンブリッジ大学の五回の公開講義に基づいて書いた小著 *Japanese Literature*（『日本の文学』）を褒めてくれて、素晴らしい日本語に翻訳してくれた。お蔭で日本語版の方は、原作よりも遥かに多くの部数を売った。

毎週木曜日の夜は、私の一週間で最高の夜となった。だいたいいつも同席したのは河上徹太郎と石川淳で、二人は吉田の親しい飲み友達だった。私たちは、いつも銀座のクラブ「ソフィア」で待ち合わせた。そこから「はち巻岡田」へ行って夕食を食べ、時にはそこからさらに別の場所へ席を移して飲んだ。吉田は日本の料理について何冊か本を出していたが、奥さんが一緒の時以外はめったに食べなかった。代わりに吉田は食べ物を慈しむような眼差《まなざ》しで眺めたもので、それはまるで外観を傷つけたくない美しい絵画に見入っているようだった。料理を食べない分、飲む酒の量はすごかった。あらゆる種類のアルコール飲料が好きだったが、吉田が特に愛したのは日本酒だった。いつだったか新潟の酒を飲みながら、吉田は「月の光を飲んでいるようだ」と言った。吉田が飲む時は、いつも嬉しくて呂律《ろれつ》がまわらなくなった。それは英語の時でも日本語の時でも同じで、どっちにしても何を言っているのかわからなかった。

吉田の親切に報いようと、私は彼が書いた批評の一つを翻訳しようと思ったことがあった。しかし、それは極めて難しいということがわかった。吉田は書こうと思えば、非の打ちどころのない英語で批評を書くことが出来た。しかし日本語で書く時には、かりにわかりやすさを犠牲にしても、出来るだけ日本語らしい文体で書こうとした。吉田を満足させるような翻訳は到底無理だと諦め、私は自分の翻訳を発表しようとしたことは一度もない。

その後、私は河上とも石川とも対談した。河上との対談の前に、私は特別なお願いとして、対談中は飲まないようにしましょうと頼んだ。河上はそれを承知したと思ったが、知らない間にウィスキーが出てきた。対談は、それにもかかわらず成功した。いずれにしても、私はこの優れた批評家から日本文学について多くのことを学んだ。

石川との対談は、これと対照的に辛かった。石川は終始好意的な態度で話してくれたが、私が江戸文学について書いた原稿の間違いを次々と指摘した。それが出来たのは、その時代に関する石川の造詣《ぞうけい》がずばぬけて深かったからである。石川は、何度か親切な調子で言ったものだった。「発表なさる前に見せてくだされば よかったのに」と。しかし私は、どういう状況であれ、優れた小説や批評で知られているのみならず極めて高い価値基準の持主である人物に、大胆にも自分の書いた原稿を送りつけることなど想像も出来なかった。対談でのショックにもかかわらず、石川は私に好意を持っていたと信じている。私は事実、石川を尊敬していた。最初に石川の作品を翻訳したのは私で、それは中篇小説『紫苑物語』だった（一九六一年）。

ある友人に石川との対談に失望したことを話すと、彼は言った。石川淳がドナルド・キーンの仕事に敬意を払っていなければ、そもそも対談など承知するはずがないじゃないか、と。最初、私はこの慰めの言葉を素直に受け入れることが出来なかった。石川は、私の書いたものを軽蔑していたに違いないと思ったからである。しかし、私は思い直した。吉田、河上、石川という優れた人々と毎週木曜日の夜を過ごすことになったのは、なんという願ってもない幸運であったことか。年齢や学識がかなり違うにもかかわらず、彼らは私を仲間に加えてくれたのだった。石川が私の作品を批判したのは、私が外国人だからということで手心を加えることなく、むしろ日本人の作品と同等に扱ってくれた証だった。

吉田、河上、石川は、次第に姿を消しつつあった「文人」だった。彼らは、都会に川や運河が縦横に走り、いたるところに樹木が生《お》い茂っていた東京の昔への郷愁を共有していて、昔の文化が生き続けていることを非常に喜んでいた。また江戸の遺風に従って気前がよく、金を浪費することさえした。ある時、私たちはホテルに飲みにいった。吉田は、シャンパンとキャヴィアを注文した。楽団が演奏していて、曲が終わると吉田はバンドマスターを呼び、彼の手に千円札を握らせ、お気に入りの曲を注

鉢の木会のメンバーと　左から大岡昇平、三島由紀夫、吉田健一、著者、吉川逸治、神西清、福田恆存

湯河原の谷崎潤一郎邸で　谷崎（中央）の左は、エドワード・サイデンステッカー、ハワード・ヒベット、右端は嶋中鵬二

文した。一曲が終わると、吉田は次の曲を頼み、ふたたび彼の手に千円札を握らせた。三回目、吉田はまた紙幣を差し出し、「なんでもいいや!」と言った。当時の千円はかなりの金額だったし、吉田は決して金回りがいいというわけではなかった。しかし彼は、文人であることを楽しんでいた。

時には別の仲間が加わることがあって、それは吉田たちに認められた優れた才能の若い人々だった。こうして私は、篠田一士《しのだはじめ》に会った。かつて柔道の選手だったという篠田は巨漢で、少しも文学者には見えなかった。しかし篠田は事実、並はずれて英文学(大学で教えていた)に精通していたばかりでなく、ほかにヨーロッパ五、六カ国の言語と文学に通じていた。また、中国と日本の古典にも造詣が深かった。篠田が晩年に書いた作品の一つは、中世連歌歌人の心敬《しんけい》論である。彼はまた音楽にも同じくらい通じていて、その中には私が知らない難解な現代音楽も入っていた。「はち巻岡田」で初めて同席した時、篠田は品書きを見渡した後、そこに書いてある料理を端から端まですべて注文した。あとで私がこのことをからかうと、どれも一人前はごくわずかな量なんでね、と言い訳したものだった。

ある時(しこたま飲んだ後に)、篠田、吉田、私の三人はタクシーに乗った。タクシーがものの十分も走ると、どこだかわからない道の真ん中で吉田は突然、「止まれ！」と叫んだ。運転手は車を止め、吉田が身体をぐらつかせながら外へ出ると、篠田は吉田を両腕で抱え上げ、元の座席に置いた。これが二度、三度と繰り返された。すっかりいい気分になっている吉田は、見るからに十八世紀の文人にふさわしい遊びを楽しんでいた。

27　謡曲「熊野」と母からの手紙

一九六一年の東京でのサバティカルの間、私はその大半を日本の演劇に関する書物を読み、かつ舞台を見ることで過ごした。私の研究は、二冊の本にまとめられた。一つは文楽について（『文楽』一九六五年）、一つは能について（『能』一九六六年）だった。これらの本は私が出版した本の中で一番美しく、それぞれ谷崎潤一郎、石川淳から序文をいただくという光栄に浴した。

一番重要な協力者は、写真家の金子桂三だった。私が読んだ文楽に関する本は、どれも決まって次の事実を指摘していた。文楽の観客は舞台を見ている間は操る人間のことを忘れ、人形だけが見えてくる、と。ところが写真では、華やかな裃《かみしも》を着ている操る人間の方が、どうしても人形より目立ってしまう。芝居小屋なら観客は操る人間を忘れることが出来ても、写真はある特定の瞬間を捉えるので、操る人間を忘れている時間はない。ところが金子は、ある発見をした。上演中に、操る人間が人形の陰に隠れてしまう瞬間が何度かあり、人形が独りで動いているような錯覚を起こすのだった。これらの瞬間を掴むことで、金子の写真は信じられないような効果を収めた。

文楽の本は、のちに切り絵作家として有名になった宮田雅之の斬新なレイアウトのお蔭で素晴らしいものとなり、本には竹本綱大夫が謡う浄瑠璃の一節が吹き込まれたレコードが付いていた。日本語版の翻訳者は、吉田健一だった。これだけの協力者に恵まれた本はほかにない。

文楽の撮影は難しいが、幾つかの点で能の撮影はさらに難しかった。文楽の上演は一カ月の間に何度も繰り返されると考えていいが、能の演目はふつう特定の能役者による一度限りの上演である。私は覚えているが、ある時など金子はあえて高熱を押して、私が本の中に入れたいと思っている能の舞台を撮影したのだった。その時を逃せば、別のチャンスはないということを金子は知っていた。

能の舞台を見るだけではおさまらず、私は謡《うたい》の稽古を受けることにした。のちに早稲田大学演劇博物館の館長になった鳥越文蔵が、私の稽古に付き合ってくれた。先生は金春流《こんぱる》の名人、桜間道雄《さくらまみちお》だった。最初の稽古の時、桜間さんは金春流の特徴を説明してくれた。特徴の一つは、朗々と謡う時に口を大きく開けることだが、その際に歯を見せてはならなかった。私はこの指示通りにやろうとしたが、「ば、ば、ば」より複雑な音を発音するのに苦労した。確かに狂言より難しかったが、少なくとも能には印刷された台本があった。

私が最初に稽古したのは、「橋弁慶」だった。この作が選ばれたのは、謡いやすい上に筋が単純だったからに違いない。稽古は楽しかったが、私はもっと文学的興味に富んだ演目を覚えたいと、いつも思っていた。ある日、桜間さんに、次は私のもっと好きな演目をやっていただけませんかと頼んでみた。彼は、どれですかと尋ね、私は「熊野《ゆや》です」と答えた。彼は大笑いして、それではまるで幼稚園から大学までいきなり飛び級するようなものですね、と言った。しかし結局、私の日本滞在の期間が限られていることを考慮して、「熊野」を教えることを引き受けてくださった。

舞台で見たこともない「熊野」に私が興味を持ったのは、三島由紀夫が絶賛していたからである。ワキの平宗盛が三島の興味をそそったのは、宗盛がルネッサンスの暴君に似ているからだった。宗盛は、なんとしてでも愛人の熊野と一緒に清水《きよみず》で桜の花見をするつもりでいる。死にかけている母親からの手紙を熊野が目の前で読んで聞かせても、宗盛は熊野を行かせようとしない。三島によれば、能役者によっては熊野が家に帰りたい本当の理由は危篤の母に会うことではなくて、恋人と一緒になりたいからだという解釈があるとのことだった。三島の近代能「熊野」のクライマックスは、熊野の「死にかけている」母が田舎から到着する場面である。熊野の母は健康そのものので、「元気でぴんしゃん」していた。

丁度この頃、私自身の母から手紙が舞い込むようになった。手紙によれば、母は身体の具合が良くないので、なるべく早く戻ってきてほしいと私に頼むのだった。この成り行きは、あまりにも「熊野」の筋書きと一致していた。母の手紙をどう解釈したものか、私はわからなかった。母は、ひどく神経質だった。私が数週間電話もかけず、手紙も書かないようなことがあると、決まって次のような意味のことを書いてくるのだった。いつまでも連絡しないでいると、気がついた時には私は死んでしまっているよ、と。一方、母が本当に病気だった（過去に数回、そういうことがあった）時には、せいぜい風邪にかかった程度だと言ってごまかすのだった。たぶん母の手紙は寂しいだけのことだろうと思い、予定していた九月を早めて二月に帰ると約束した。母は、この約束に満足したようだった。

同じ頃、私はアーサー・ウェイリーから手紙を受け取った。ウェイリーによれば、右腕を骨折したため、たぶん二度と原稿を書くことは出来ないということだった。この不運に加えて、ウェイリーはロンドン大学構内にある彼の家から追い出されようとしていた。大学が構内に、コンピュータ（当時は、極めて巨大だった）を設置することにしたからだった。しかも最悪なことには、三十年間一緒に連れ添っていたウェイリーの伴侶《はんりょ》とも言うべきベリル・デ・ゾーテが、舞踏病で死の床にあった。私はまずロンドンに行ってウェイリーを見舞い、それからニューヨークの母のところへ行くことにした。私は、自分が日本文学のもう一つの作品――漱石の『こころ』の筋書きをなぞっていることに気づかなかった。

私は十二月に日本を出発し、東南アジアで長い間見たいと思っていた土地を経由しながらヨーロッパへ向かった。なぜ、すぐにロンドンとニューヨークへ行かなかったのか、今となってはなかなか思い出せない。思うに私は、これが東南アジアを見る最後の機会で、数日の遅れはたいしたことではないと考えていたかもしれない。どちらも、見込み違いだった。

ロンドンに着いたのは、一九六二年二月の暗く寒い朝だった。ウェイリーのアパートの階段を上りながら、階段は彼のような年齢の人間にはさぞ難儀なことだろうと思った。ウェイリーは無表情のまま私を出迎え、すぐに上の階へ行こうと言った。そこにベリル・デ・ゾーテがいて、死の床に就いているのだった。私はベリルを数年前から知っていて、彼女が舞踏病にかかっていることも承知していた。それは恐ろしい病気で、これにかかった人間は手や身体の一部を絶えず動かしていなければならないのだった。ウェイリーは言った、「彼女に、何も尋ねてはいけない。彼女はわかるから、答えようとするだろう。ただ、会えて嬉しいと言って、キスすればいい」。しかしベリルを見た時、彼女は病気のためにひどくやつれていて、私はキスすることが出来なかった。ウェイリーが彼女を病院から家に連れ帰ったのは、無知な看護婦たちがベリルを「もの」として扱ったからだった。苦痛に病んでいても、ベリルの精神が正常であることに看護婦たちは気づかなかった。ウェイリーは、ベリルの看病に明け暮れていた。

私たちは黙ったまま、階下へ下りた。ウェイリーは牛肉と子牛の腎臓を煮込んだ缶詰を開け、私たちの昼食用として温めた。数カ月前のウェイリーの手紙では、腕を怪《け》我《が》して原稿を書くことが出来ないということだった。だから、私はロンドンに来たのだった。何とかウェイリーを慰めたいと思った私は、秘書として口述筆記を務めたいと申し出た。しかし、彼は断わった。ウェイリーが言うには、余生はヨーロッパ文学を読んで過ごすつもりで、東洋の研究は断念したとのことだった。私には、ウェイリーを慰める術《すべ》がなかった。これが、ウェイリーに会った最後だった。その後何度か手紙を書いたが、ウェイリーから返事はなかった。

ウェイリーを訪ねた翌日、ロンドンを発ってニューヨークへ向かった。飛行機の中で私は何度も、ベリルが死の床にあった病室のことを思った。それと似てはいても、さらに辛い場面にこれから直面するかもしれないのだった。母の病気は主に孤独のために違いないと思ってはいたが、私は自分のそうした確信を疑い始めていた。私は、少しでも早くニューヨークへ着きたい気持で必死になっていた。しかし運の悪いことにニューヨークは嵐で、飛行機はモントリオールへ針路を変えた。

モントリオールに到着すると、乗客は待合室へ行くように指示された。有線放送で流れてくるムード音楽がひどく気に障って、私は空港の中で音楽が聞こえないところはないか尋ねたが、そういう場所はなかった。結局、飛行機は翌朝まで離陸しないことがわかった。私は、ホテルで眠れぬ一夜を過ごした。

28　母の死、そして菊池寛賞受賞

飛行機は翌朝、モントリオールからニューヨークへ向かった。着くとすぐ、叔母に電話して母が入院している病院を教えてもらった。空港から、病院へ直行した。母は、私のことがわからなかった。時々、ふたことみこと言ったが、かりに何かを伝えようとしていたのだとしても、それが何か私には理解できなかった。叔母は言った、「せめて昨日戻っていれば、話が出来たのに」。私の頭に、飛行機の遅延や空港での待機、否応なく耳に入ってきた有線放送の音楽のことが次々と浮かんだ。

母は、その日に亡くなった。アパートに戻った私は、自分が悪い息子だったという罪の意識に悩まされた。母が具合が悪いと手紙に書いてきた時、なぜすぐニューヨークへ戻らなかったか——私は何度も、自問しないではいられなかった。

その夜、東京から電話があった。嶋中鵬二からの電話で、私が菊池寛賞を受賞したという報せだった。彼は、日本に戻って授賞式に出るかどうか尋ねた。母が死んだ時、私は泣かなかった。この時も泣かなかったが、悲嘆と喜びに身を引き裂かれる思いだった。

葬儀は、当然のことながら辛かった。私は、母の顔に最後の別れを告げた。母の顔は美しく化粧をほどこされていて、皺《しわ》が一つもなかった。それが母だとは思えなかった。人々は私を慰めようとした。しかし、私は泣くことが出来なかった。さぞ、薄情な息子と思われたに違いない。優しく元気づけようとしてくれた人々に、私は何も言うことが出来なかった。私は、日本へ行くことに決めた。葬儀が終わると、直ちに出発した。飛行機がアメリカ大陸を横断している間、私は呆然《ぼうぜん》としたままだった。その六、七時間の間に（かりにすることがあったとしても）何をしていたか、今となっては記憶にない。何の変更もなくニューヨークから東京へ向かった飛行機は、ホノルルに立ち寄った。前もって立ち寄ることを報せておいた二人の旧友が、飛行機を出迎えに空港まで来てくれ、お悔やみの言葉を述べてくれた。最初、私はあまりに取り乱していて、彼らに会ってもわからなかった。しかし、一緒にいた数分間に彼らが示してくれた好意は、一人で思い詰めていた悲しみから私を解き放ってくれた。

東京に到着したのは、ライシャワー大使が私のために開いてくれた昼食会に、丁度間に合う時刻だった。私はハーヴァード時代にライシャワーを知っていて、彼のことを教師や学者としてのみならず友人として尊敬していた。ケネディ政権が発足して彼が駐日アメリカ大使に任命された時、私は嬉しかった。彼は日本語が堪能だったし、日本の歴史や文化にずばぬけて精通していた。ヴェトナム戦争のために日米関係が悪化していた当時、あれ以上の大使はあり得なかった。ライシャワーは、暴漢に刺された時の傷の影響からまだ回復の途中で、歩くときに杖を使わなければならなかった。しかし、彼は相変わらず快活そのものだった。もっとも（あとで知ったことだが）、負傷とその際に輸血した感染血液は生涯にわたって彼を苦しめ続けた。

大使が昼食会に招いたのは、佐佐木茂索、池島信平など菊池寛賞を授与してくれた文藝春秋の編集者たち、そして私の最も親しい友人たち――嶋中鵬二、三島由紀夫、吉田健一だった（永井道雄は、香港にいた）。彼らが来てくれて嬉しかったし、彼らに会うことで私は生き返ったような気がした。その日、（初めて訪れた）大使館の石段の上で撮影した写真には、大使と大使夫人、招かれた客たち、そして私が写っている。

私は笑っているが、ニューヨークから東京へ向けて出発した時には、二度と笑うことはないだろうと思っていた。

菊池寛賞の授賞式で、私は当然のことながら感謝の意を表明し、このような高名な賞を受けることになって自分がどれほど名誉に思っているかを述べた。しかし、受賞の挨拶をしている間も、アーサー・ウェイリーのことを考えずにはいられなかった。私はすでに述べたように、一週間前に悲惨な状況の中で彼に会ったばかりなのだった。私は、なんとかして彼と賞を共有できたらよかったのにと思った。しかし私はただ、ウェイリーのためにも賞を受けているような気がすると述べただけだった。事実、ウェイリーは私などより遥かにこの賞を受けるに値する人物だったのだ。私に霊感を与えたウェイリーの信じられないほど素晴らしい翻訳の先例がなかったなら、果たして私は日本文学の美しさを世界に伝えるという試みに自分の生涯を捧げていたかどうかわからない。

授賞式に続く祝賀パーティーで、ほかの旧友たちとも会った。いずれも、私にとって大事な友人たちだった。もちろん、彼らと会えた喜びが母を失った苦しみを忘れさせたわけではなかった。しかし、こうした友人たちを持つことが出来てどんなに幸運だったか、私は痛いほど知ったのだった。数日後、「はち巻岡田」で、いつもの仲間と一緒になった。石川淳さんは、私が母の病気のために新酒の利き酒をする恒例の新潟行きに参加できなかったことを思い出し、私に「御萱堂《ごけんどう》」のことを尋ねた。最初はこの言葉の意味がわからなかったが、誰かが相手の母親に対する敬称だと教えてくれた。その時、私の頭に（前に翻訳した）芭蕉の『野ざらし紀行』の一節がひらめいた。北堂《ほくどう》の萱草《くわんざう》も霜枯果《しもかれはて》て、今は跡《あと》だになし――。芭蕉が江戸にいた留守中に死んだ母に対する悲しみは、母の住まいに咲いていて跡形もなく消えてしまった草になぞらえて表現された。この古代の中国文学への間接的な言及（母は家の北堂に住み、その庭には憂いを忘れるとされる萱草《わすれぐさ》が植えられた）は、芭蕉の気持を正確に伝えていた。同じ理由から、私は時々芭蕉を引用したことがあった。

私はふたたび京都へ行き、懐かしい「我が家」に一泊した。新幹線の建設は景観の美を台無しにしてしまっていたが、家そのものは相変わらず居心地よく、家中のものすべてに馴染みがあった。壁の古時計は昔と同じようにチクタク音を立てて時を刻んでいたし、いちいち考えなくても私は電灯のスイッチの場所をすべて覚えていた。この小さな家は、私が日本での生活がどんなものか知り始めた頃に幸せに暮らしていた家で、これまでに私が住んだどの家にも増して「我が家」なのだった。家の隅々に至るまで親しいばかりでなく、そこには思い出が満ちていた。

私は、数年前に書道を習ったことがある智積院《ちしゃくいん》を訪ね、そこの素晴らしい襖絵《ふすまえ》の前で、寺の僧である友人西崎照明《にしざきしょうみょう》と一緒に写真を撮った。私は北野天満宮へ行き、そこでは梅の花が咲き始めていた。私は和歌を通じて、梅の花の香りが日本人に何代にもわたって愛されてきた事実を知っていた。しかしこれまで、咲いている梅の木の真下に立っている時でも、特にその香りに気づいたことがなかった。私の嗅覚《きゅうかく》には明らかに欠陥があった。今度こそ日本の最も典型的な香りをたっぷり味わおうと、花に顔を近づけてみた。それは、この時に撮った写真を見ればわかる。私は初めて、名高い香りの気配のようなものを、なんとか感じることが出来た。思うに西洋で育った人々は、花の匂いと言えば薔薇やカーネーションのきつい芳香のことを考えるので、梅の花のほのかな香りを感じ取るにはちょっとした努力を必要とする。しかし、日本人にとっては百合の強烈な匂いよりは、この捉えどころのないかすかな香りを愛《め》でる方が自然なのだった。昔の日本人（おそらく現在の日本人もそうだと思うが）は、百合の匂いはあまりに強すぎて鼻につき、むしろかすかではあるが清々しい梅の花の芳香をよしとしたのだった。それはまさに、日本人が鮮やかな原色よりも水墨画の淡色を好み、また日本料理で濃い味を嫌ったのと同じなのだった。このことに気づいた瞬間、私は嬉しかった。事実、日本での短い滞在で経験したすべてが楽しかったし、お蔭で私は回復に向かうことが出来たのだった。

ニューヨークへ戻る頃には、私はふたたび人間になっていた。完全に罪の意識を捨てたわけではなかったし、私は一種の贖罪《しょくざい》のようなつもりで、例年のようにその年の夏は日本で過ごさないことにした。もちろん贖罪したからといって、母が戻ってくるわけではなかった。私の罪の意識は長く続くだろうし、それには憂鬱な気分がつきまとうであろうことも感じていた。しかし、すでに私にはわかっていることがあって、それは自分がどん底に陥った時には、いつでも日本と日本人を頼りにすることが出来て、私の再起を助けてくれるということだった。

29　大江健三郎と安部公房

一九六四年一月、東洋学者の国際会議がニューデリーで開かれた。一九五三年の最初の訪問以来、数回にわたってインドを訪れたことがあった。ニューヨークと東京の往復航空券にわずかな料金を足せば、世界周遊の航空券が買えたのだった。時々、インド経由で東京に来たのは、主に日本の友人たちにお土産を買うためだった。今回の会議に出席することにしたのは、ニューデリーの一月が涼しくて快適であること、またインドからニューヨークへの帰途に日本で一週間を過ごせるからだった。不運にも私は、インドへ行く途中のヨーロッパで腸の具合を悪くした。健康な人間でもインドにいる間に下痢になりやすいのに、着く前からすでにおかしくなっていたのだった。私はパンと蜂蜜だけ食べて、なんとか生き延びた。この食事は単調で飽きてしまったが、おいしそうなものを食べる気にはならなかった。東京に到着後も体調を崩していたが、中央公論社との約束で伊藤整、平林たい子、大江健三郎と一緒に講演旅行に行くことになっていた。伊藤さんは私が不調であることを知って、親切にも「正露丸」という薬をくれた。もともと日露戦争の頃に創案された薬で、見かけも味も炭のような丸薬だった。これが見事に効いて、ほどなく私は気分がよくなった。

もっと大事なことは、初めて大江さんと知り合ったことだった。名古屋へ行く車中で、私たちは向かい合って坐っていたが一言も口を利かなかった。大江はアメリカの雑誌「エスクワイア」を読みふけり、私は日本文学者らしく国文学の雑誌を読んでいた。この「対決」が大江の笑いで終わりを告げるのに、長くはかからなかった。彼のユーモア感覚は私と相通ずるものがあった。

私は大江の作品を何も読んでいなかったが、その後間もなく『個人的な体験』を読んだ。私は興奮のあまり、グローブ・プレス(私の『日本文学選集』の出版元)の社長バーニー・ロセットに電報を打ち、翻訳権を取得するように勧めた。良い翻訳が出版され、これが縁で大江とロセットとの親交が始まった。

この時から、大江と会うことが日本にいる時の楽しみの一つとなった。一緒に食事をし、酒を飲み、時に飲み過ぎることがあった。今でも忘れ難いのは、大江の家に招かれて彼の手作りのオックステイル・シチューをご馳走になった時のことだった。私たちは一緒にオペラのレコードを聴いたが、特にマリア・カラスのアリアに集中した。私同様に、大江もカラスの声が大好きだった。カラスの死後、大江はカラスについて感動的な原稿を発表し、その原稿を私に捧げてくれた。

まだ日本で手に入らないオペラのレコードを、彼のためにニューヨークから持ち帰るのが私の習慣となった。しかしある年、いつもの贈物を渡したいと思って彼に電話すると、大江は何となく会う日取りを決めるのが気が進まないようだった。その年、私たちは一度も会わなかった。もちろん私は理解できなかったし、悲しかった。何か彼を困らせるようなことをしただろうかと考えてみたが、思いつかなかった。たまたま何かの大きな会合で会ったりすると、私はどうして会いたがらないのか彼に尋ねた。返事は、まちまちだった。ある時などは、ウィリアム・ブレイクの詩を読んでいるので、読み終わったら連絡すると言うのだった。しかしブレイクと私は何の関係もなかったし、彼は連絡してこなかった。二人の友人関係をなんとか回復したかったが、私には彼が冷たくなった原因がわからなかった。

大江を知っている友人たちに、彼の態度が変わった理由として思い当たることがないか尋ねてみた。一人が言うには、私と飲むのが習慣になっている大江は酒をやめてしまったので、それで私と一緒に食事をすることが出来なくなったのだった。別の一人によれば、大江は私が彼の本を翻訳しなかったので怒っているというのだった。

残念ながら、大江が私と疎遠になった理由は結局わからないと判断せざるを得なかった。それでも時々、彼は私に示してくれる好意で私を驚かせた。たとえば私が井上靖文化賞を受賞した時、都合が悪くて出席できない予定だったにもかかわらず、大江は急遽駆けつけて私のために祝辞を述べてくれた。また別の機会には私を鼓舞して、キーンは日本の文学についてだけでなく世界の文学について書くべきだなどと言ったのだった。しかし、これらの好意的な振舞いが二人の関係の修復に向かう兆しではないかと思ったとしたら、それは間違いだった。二度にわたって私たちは、日本人と日本人以外の候補者に一人ずつ賞を与える組織によって受賞者に選ばれたが、大江は二度とも辞退した。

しかしながら、私が初めて安部公房と親しくなったのは、大江のお蔭だった。安部は三島の死後、文学者の中で私の一番親しい友人となった。一九六四年秋、ニューヨークで安部と会ったのは、彼の小説『砂の女』の翻訳が出版された時だった。彼と勅使河原宏《てしがはらひろし》（有名な映画「砂の女」の監督）、そして彼らの通訳として一人の若い女がコロンビア大学の私の研究室を訪ねてきた。通訳を必要とすると思われたことで頭に来た私は、その若い女をまったく無視した。数年後、彼女がオノ・ヨーコだったことを知った。

初対面で、私は安部に悪い印象を与えたらしい。その時、私は時差ぼけにやられていたが、安部（医学部出身）は私が朦朧《もうろう》としているのは薬物中毒のためだと結論を下したようだった。あとで私たち三人が日本にいた時、大江は一緒に食事をしようと誘ってくれたが、安部は断わった。しかし最終的に安部は折れて、それ以来、私たちはよく一緒に食事をするようになった。二人が一緒に谷崎賞を受賞した時（安部は『友達』、大江は『万延元年のフットボール』）、私は誰よりも幸福だった。しかしその後、私がニューヨークにいる間に二人が喧嘩をしたと知った。私は幼稚にも、自分が日本にいれば彼らを仲直りさせることが出来るに違いないと思ったが、そういうことにはならなかった。

安部の小説は一見非人格的で、見るからに人間の感情が欠けているとして批判されたことがあるが、これは間違った判断だった。私は常に、安部の中に飛びぬけて温かいものを感じた。この複雑な人物を完全に理解できるほど、私は彼のことを十分に知らなかったかもしれない。彼が備えている多面性の中には科学と数学に関する学識があって、それはどちらも私にないものだった。しかし私は小説家ではないが、安部が自分の小説を何度も書き直す徹底した職人意識には容易に敬服できるものがあったし、結果として安部が書いた小説の数は極めて限られたものとなった。演劇に対する熱意は、かなり晩年になってからのことだが、やはり強かった。彼は何時間も費やし、自分が編み出したシステムに従って、骨身を惜しまず安部公房スタジオの俳優たちを指導した。

私は、安部の政治的な誠実さにも同じように感銘を受けた。安部は日本共産党の党員だったことがあり、最後までその理想の幾つかを信じていた。しかし東ヨーロッパにおける自分の経験に基づいて、安部は共産党が政権を握るとその理想は決まって堕落するという事実を認識せざるを得なかった。ソ連に行った他の左翼系の作家たちは、共産政権の賓客として受けた特別待遇をありがたく思うあまり、自分が疑問に思ったことを表明するについては二の足を踏んだ。しかし安部は、その失望は深かったが黙

安部公房と　右の後ろ姿は武満徹

っていることが出来なかった。

安部は、ソ連では「好ましからざる人物《ペルソナ・ノン・グラータ》」になった。彼の作品をロシア語に訳した翻訳者が日本に来た時、彼女は安部に会うことは禁じられていたが、私に会うことは許されていた。ある日、翻訳者と私は散歩に出かけた。前もって決めておいた場所に、まったく偶然のようにして安部の車が現れ、安部と翻訳者は再会を果たした。彼女は、安部が共産主義に対する認識を改めるにあたって手を貸した人物の一人だった。

しかしこれでは、私と安部が会う時にはいつも深刻な政治や芸術の話ばかりしていたような印象を与えてしまうことになる。私たちが一緒にいる時間は、いつも笑い声が絶えなかった。二人とも逆説が好きだったし、安部が自分の嫌いな作家たちの作品について語る時は小気味いいほど辛辣《しんらつ》だった。彼は仕事部屋のある箱根から、私が部屋を持っている伊豆の宇佐美までよく車でやってきた。地元の料理屋「吉長《きっちょう》」で巨大な刺身の皿をはさんで、安部は観察力に富む言葉で私を楽しませてくれた。私の方はと言えば、最も基礎的な科学的事実にもまったく無知であることで安部を喜ばせた。

大江と安部のような友人と知り合えて、私は幸運だった。大江との関係は謎に包まれてしまったが、この非凡な作家について私には数多くの幸福な思い出がある。

30　ソ連訪問と「日本文学史」の構想

日本文学の歴史を書こうと決心したのは、一九六四年のことだったと思う。すでに一九五三年、ケンブリッジで教えていた私は、日本人と外国人が書いた既存の日本文学史に対する不満を表明する書評を書いたことがあった。その書評の中で、私は自分がもっとましな文学史が書けるということを言ったつもりはなかった。たぶん私は、日本文学者としてまだ自分に欠けているものがあることを十分承知していた。

ケンブリッジでは、学生と一緒に日本の古典文学の作品を読んでいた。同時に、明治維新以前の日本の歴史も教えていた。しかし、『古事記』から現代作家の作品まで日本文学全体について講義するようになったのは、コロンビア大学に戻ってからだった。私は自分の講義を、出来るだけ個人的かつ興味深いものにしようと心掛けた。他の教授たちが何年も前に準備した講義の原稿を読み上げていた時に覚えた退屈のことが頭にあって、私は一切ノートを使わずに講義することにした。詩や小説の「流派」に属する人々のリストや生没年はさておき、自分が取り上げた作品に対する私個人の反応にもっぱら頼って講義をした。私が学生たちに伝えようとしたのは、自分が重要と認めたそれぞれの作品の価値だった。

学生たちが求められたのは、すでにある主要作品の英訳を読むこと、また私の講義の骨格を示す『日本文学選集』全二巻を読むことだった。私はこの講義が楽しかったし、毎年講義の内容を違ったものにするように心掛けた。時々昔の学生たちから手紙をもらうことがあって、それによれば学生たちは私が日本文学について教えた内容は忘れてしまったが、私が講義で示した熱意のことはよく覚えているというのだった。

日本文学を読み続けていくに従って、私は自分の知識の抜け落ちている部分を少しずつ埋めていった。ある時点で頭にひらめいたことがあって、それは自分の講義を書いてみたらどうだろうかということだった。それも自分の授業のためだけでなしに、私の学生以外の人々にとっても有益な知識となればいいと思った。私は自分の講義に基づいて、大ざっぱに草稿をタイプし始めた。いちいち人物の生没年や自分が知らなかったことを調べたりせずに、そういうことは後回しにして、後で書き直す時のことにした。あっという間に約二百五十ページを書き上げ、すでに時代は鎌倉時代に入っていた。文学史を書き上げるのに、あと二年もあれば十分だろうと私は思った。

その頃、日本の飛行機が東京・モスクワ間の空路の開設を許可されたという記事を読んだ。突然、私はソ連を見てみたいという思いに駆られた。なにせ、たびたび世界の平和を脅かしてきたように見える謎の国だったのだから——。現地に知り合いがいなかった私は、ソ連を訪問したことのある安部公房に誰か紹介してもらえないかと頼んだ。安部は、彼の作品の翻訳者イリーナ・リヴォーヴァの名前と住所を書いてくれた。

シベリア上空を飛んだのが忘れ難かったのは、なにもその景色のためばかりではなかった。その文学的な連想、特に荒涼たる最果ての地シベリアへの流刑の恐怖を思い起こしたからだった。モスクワに到着すると、インツーリスト（ロシアの海外旅行代理店）の係官は、私に割り当てたナショナル・ホテルの部屋を伝えた。選択の余地はなかった。

翌日、安部公房が教えてくれた住所を苦労して探し歩いた。ついにアパートを見つけ、呼び鈴を押した。返事はなかった。あと二回押してみたが、やはり返事はなかった。私は手帳のページを破き、壁に寄りかかって日本語でメッセージを書き始めた。書いていると、ドアが開いた。リヴォーヴァ教授のご主人がドアの覗《のぞ》き穴から見て、私が日本語を書いていることから、恐れるような人物ではないと判断したようだった。私を部屋に入れてくれて、リヴォーヴァ教授がレニングラード（サンクトペテルブルグ）にいると教えてくれた。彼が話したのは、日本語だった。事実、日本語は私がソ連にいる間に話したほとんど唯一の言語だった。

数日間、クレムリン宮殿や、おとぎ話に出てくるような聖ワシリー寺院の丸屋根に興奮しながらモスクワを見物した後、レニングラードへ行き、リヴォーヴァ教授に会った。私はたちまち彼女のことが気に入って、それは彼女にしてもそうであったと思う。私たちには、話すことが山ほどあった。たぶん、私たちが日本文学を学んだ経験を共有しているということも勿論あるが、これまで両国の非友好的な関係のために私たちがいかなる形での交際も禁じられてきたからだと思う。会話の多くは、歩きながら行なわれた。その方が、盗み聞きされる可能性が少ないからだった。バスに乗った時、彼女は囁《ささや》いた。「ここからは、沈黙よ」と。

私たちの会話には政治的な話題は一切出なかったが、彼女は驚くほど率直だった。初対面で私が何者かもよく知らないことを考えると、不思議なくらいだった。私がレニングラードの素晴らしい建築のことを褒めると、一つの建物を指して彼女はこう言うのだった。「あの建物の各部屋に、それぞれの家族がまるごと住んでいます。一つの部屋がさらに小さな部屋に区分けされているので、部屋によって天井の絵画は神話の人物の片方の足だけが見え、もう片方の足は隣の部屋にあるといった具合です」と。私は、おもしろいと思うと同時に、かつての豪壮な邸宅で送られている惨めな生活のことを考えると、なんとも名状しがたい気持に襲われた。私がモスクワの地下鉄の建築や彫像を褒めると、彼女は微笑しながら言った。この種の立派な駅が建設された当時、何千人もの民衆が寝るところもなく困っていたのよ、と。

ソ連に短期の滞在をしている間に、私は見たものすべてを褒める習慣を直感的に身につけた。もし私が何かを批判しようものなら、相手はたぶん愛国的な感情を引き起こすことになったろうし、それよりは私の褒め言葉に対するこうした赤裸々な告白の方が反応としておもしろいと思った。

私は、レニングラード大学日本語教授のエフゲーニア・ピヌス教授に会った。彼女は上手に日本語を話したが、彼女の話によれば、これまで日本に行くことを許されたのはただの一度だけで、それもソ連代表団の通訳としてだった。ある日、代表団は歌舞伎座に行ったが、三十分もたつともう満足し、彼女も一緒に外へ出なければならなかった。しかし歌舞伎を見るのは、彼女の長年の夢だったのだ。「でも二時間の自由時間があって、好きなように東京を見て歩くことが出来ました」と彼女は言うのだった。

二時間とは！　二時間どころか、私は日本で四、五年を過ごしてきたのだった。私は、自責の念のようなものに駆られた。私にとっていとも簡単なことが、彼女にとってはとてつもなく困難なことだったのだ。彼女は一言も不平を言わなかったが、私は同情した。

私が書こうとしている日本文学史のことが、二人の話題になった。私は自分の計画として、日本文学の美を明らかにする楽しい本を書きたいと言った。「著者の生没年や伝記的な事実を入れるつもりはない。作品そのものについてだけ書きたい」と私は付け加えた。「しかし、読者が生没年を知る必要のある時はどうすればいいの」と彼女は尋ねた。「ほかの本で探すことが出来るでしょう」と私。「どの本ですか」と彼女は質《ただ》した。そう言われれば、「ほかの本」などないことに気づいた。少なくとも、英語ではなかった。

こうして、私は文学史の全体の構想そのものを変えることを余儀なくされた。私が気づいたのは、自分にとって退屈な事実も文学史には必要不可欠であるということだった。当初望んでいたように、自分の個人的な解釈と自分の評価を書くことは出来る。

イリーナ・リヴォーヴァ教授（レニングラードにて）

しかし同時に、基本的な事実も書かないわけにはいかなかった。この決断の結果、私は二年どころか文学史を完成させるのに二十五年かかってしまった。その時は気づかなかったが、この構想の転換はソ連訪問から得た最大の賜物《たまもの》だった。

インツーリストの車がホテルに立ち寄って私を空港へ連れていく時、ピヌス教授と彼女の学生二人の見送りを受けた。私たちは、日本語の慣習的挨拶を交わした。「せっかく、おいでになりましたのに、なんのお構いも出来ませんでした」「いいえ、たいへんお世話になって、恐縮に存じます」等々。この儀式的なやりとりがあった後、私は初めて車の中に相客がいるのに気づいた。それは日本人で、これらの丁寧な挨拶を聞いていたに違いなかった。どうして四人のロシア人が日本語で挨拶を交わしていたのか、さぞ不思議に思ったに違いない。しかし、彼は空港に着くまで一言もしゃべらなかった。

ソ連を出国するにあたって形式的手続きが済むまで、随分と時間がかかった。飛行機に乗ってからも、私は緊張していた。ソ連国民が最後の瞬間になって、何かの理由で飛行機から降ろされたという話を聞いたことがあったからである。ついに、飛行機は離陸した。次の瞬間、誰もがはじけるように笑い出した。何か、おかしいことがあったわけではなかった。笑いは、緊張から突然解放されたことが原因であったに違いない。スウェーデン人のスチュワーデスが言った、ストックホルムに向けて飛び立つ時は、いつもこうです、と。

31　共産主義国家とファシズム国家

ソ連を訪問したことで、自分の政治的見解についていろいろ考えさせられるはめになった。私はいつも民主党に投票していたが、アメリカの政治に積極的に貢献したことは一度もなかった。私は自分のことをコスモポリタンと考えているが、いかなる世界的な思想にも同意したことはない。私がしっかりと保持している唯一の信念は、平和主義だった。幼少期にさかのぼる戦争に対する恐怖感は、たぶん父が私に一番影響を与えた点ではなかったかと思う。

私は、自分が自由主義者だと考えていた。もっとも、この言葉が意味するところを定義するのは難しい。その定義の中には、もちろん言論の自由や集会の自由、また旅行の自由を信ずるといった要素が入っている。私は自分が住んでいる社会に不公平があることを十分承知していたし、現に飢えている人間にとって、言論の自由が何の慰めももたらさないということも知っていた。しかし民主主義は、確かに他のいかなる制度よりましだった。

私は戦前も戦中もファシズムを憎んでいて、それが取り得るいかなる形態においてもファシズムが嫌いだった。戦後、スペインに行った時、通りをうろついている怪しい警官にも、また目に付くところすべての壁や電柱に貼られたフランコの傲慢《ごうまん》な肖像にも不快感を覚えた。同様にして共産主義についても私の知っている限りでは不快感は覚えたが、ファシズムよりはましに見えた。少なくとも原理として、共産主義は一般の人々の生活を向上させることを目指していて、他国を征服することを目指してはいなかった。

ソ連を訪問するまで共産主義を直に経験したことはなかったが、大学生の頃に左翼系の同級生がブルジョワ民主主義とその矛盾を非難するのを聞いたことがあった。どうやら彼らの確信するところによれば、ソ連はアメリカが従うべき手本を示しているのだった。彼らはプロレタリアート独裁の必要性や、全世界に衝撃を与えた悪名高き裁判（粛清）についてさえ、いつでもその根拠を説明することが出来た。

彼らの議論には説得力がなく、私の性分に合わなかった。だから一九三九年末からソ連がフィンランドに侵攻した時、これら左翼系の同級生が戸惑う姿を目撃して嬉しかった。彼らがいつも主張していたのは、資本主義国家だけが侵略行為を行なってきたということで、ソ連がこうした罪を犯すことはあり得ないと彼らは考えていた。フィンランド侵攻によって、彼らが間違っていたことが明らかとなったのだった。今思えば、私が喜んだのは馬鹿げている。平和主義者として私は、この戦争が別の戦争を引き起こす可能性についてもっと思いをめぐらすべきだった。フィンランド防衛軍の当初の成功に私は浮かれるよりむしろ悩むべきだったので、これはロシア人が恐るべきドイツの攻撃に抵抗できないかもしれないことを示唆していた。ソ連（共産主義）とドイツ（ファシズム）の不可侵条約の締結は誰にとっても衝撃だったし、当惑を覚えた。それは熱烈なソ連信仰者にとってもそうだった。

短い滞在だったが私のソ連訪問は、ソ連国民について漠然と思い込んでいた私の考えを変えた。それまで私が考えていたのは、ロシア人は共産主義の優越性を熱狂的に信じていて、（フルシチョフが国連で演説したように）誰もが資本主義国家を「葬る《ほうむ》」ことが出来るという自信を持っているに違いないということだった。驚いたことに、私はソ連国民とも気楽に話せることがわかったし、彼らには狂信的態度のかけらさえ見られなかった。私は税関職員とホテルの従業員を例外として、ほとんどあらゆるソ連国民が気に入った。予想していたことだが、私が特に親しみを覚えたのは日本語学者たちだった。

ところが私たちは、経験の違いによって隔てられていた。何度も認識を新たにさせられる思いがしたのは、彼らの味わった厳しい試練から自分の生活がいかに守られてきたかということだった。彼らは、なにも自分たちの経験を劇的に誇張して語ったわけではなかった。しかし時々、彼らが口にする言葉から、辛い記憶を感じ取ることが出来た。一度、東京のあるホテルの部屋がひどく小さいことについて話していた時、私は「まるで独房のようです」と言った。私と話していた学者は、ただこう答えたのだった。「いいえ、独房はそんなものじゃないわ」と。彼女は、なにも詳しく述べたわけではなかった。しかし私が彼女の言葉の裏に感じたのは、彼女が監獄で数ヵ月ないしは数年にわたって暮らしたことがあるかもしれないということだった。

さらにまた、レニングラード大学のピヌス教授がドイツ軍の恐ろしい包囲攻撃にさらされていた時期の経験について語った時のことだった。彼女の話によれば、あまりにたくさんの人々が殺されたので、死体は集合墓地に埋められなければならなかった。彼女は、自分の両親がどこに埋められたか知らなかった。彼女は冷静に話したが、私はその言葉を聞いてぞっとした。この種の精神的苦痛を、私は経験したことがなかった。

これらソ連の学者と私を隔てている最大の違いは、彼らが自由に外国に行けないということであったかもしれない。かりに彼らが別の国から招待を受け、航空券と必要書類を渡されたとしても、最後の瞬間に何の説明もなく空港で拘束されるかもしれないのだった。私はこうした人々をなんとか助けたい気がした。何か具体的な形で彼らを助けることは出来なくても、少なくとも時々は彼らを訪ねることが出来る。そうすることで彼らは、外の世界と通じ合っていると感じることが出来るかもしれなかった。それから三度、ソ連を訪ねた。私の訪問が、果たして何らかの慰めとなったかどうかはわからない。

その後の訪問から得た一つの幸福な経験には、忘れ難いものがある。『日本人の西洋発見』という私の本が、ロシア語訳で七千五百部刊行された。それは売り出された日に、完売となった。再版が出なかったのは、もし出せば計画経済が間違っていたことになるからだった。モスクワにいる間に私が知らされたのは、印税がルーブルで支払われること、ルーブルはソ連国内でしか使うことが出来ないということだった。実際に金を受け取ったのは、出発の前日だった。もらったルーブルをポケットに入れ、私はモスクワで最も高価な品物を扱うと思われる店に行き、店で一番高価な品物を見せてほしいと頼んだ。目の前に置かれたのは、大きくて重い銀のブレスレットだった。私は躊躇《ちゅうちょ》することなく、それを買った。使えない紙幣を持って帰るよりは、ブレスレットの方がましだと思ったからである。ところが、いったんブレスレットを手に入れると、それをどうしたらいいかわからないことに気づいた。結局、私はそれを安部真知（安部公房夫人）にプレゼントした。芸術家の彼女なら、非常に重くて醜悪な銀のブレスレットのような非実用的なものでも、好奇心をそそられるはずだった。

時代は、大いに変わった。私は五年くらい前に再びスペインを訪問し、フランコ体制下の時に比べて、この国が遥かに陽気で繁栄している姿を見てびっくりした。今年、サンクトペテルブルグを短期間だけ訪問して、同じような印象を受けた。確かに、両国の国民の中には変化に腹を立てている人々もいるに違いないし、大都市の生活の向上は全国的なものではないという話も聞かされた。しかし三十年前、旅行者を満載した大型客船がロシアとスペインの港に毎日入ってくるなんて、いったい誰が予測し得たろうか。あるいは、あまりにも大勢のロシア人旅行客がヨーロッパやアメリカの有名な都市を訪れるために、ロシア語のガイドブックがあらゆる売店に並べられることになるなんて、誰が想像できたろうか。

よく私は、世界がますます悪くなってきたことを考えて悲しくなることがある。新聞が毎日報道する事件は私を憂鬱にするし、特に私自身の国がその事件に関わっている時などは、なおさらである。レナード・ウルフ（小説家ヴァージニア・ウルフの夫）は『悪化の一途』という題の本を書いていて、そこには第一次世界大戦以後に起こった変化がすべて悪い方へと向かっていた事実が描かれていた。私は、よくこの本のことが頭に浮かぶ。しかし、見たところそれが避けられない趨勢《すうせい》であるにもかかわらず、時には物事が好転する時もある。

一九四一年、メトロポリタン劇場で上演されたベートーヴェンのオペラ『フィデリオ』を、私は決して忘れることはないだろう。それは戦時の最悪の時で、多くのアメリカ人の同情は、あたかも巨大な牢獄に閉じ込められたかのようなヨーロッパ人へと向けられていた。ベートーヴェンの音楽が希望をもたらし、牢獄の門が開いて憔悴《しょうすい》し青ざめた囚人たちが姿を現した時、聴衆はその音楽の中にヨーロッパが再び自由になる予感のようなものを感じて、涙に身を任せたのだった。割れるような拍手の中で私たちは泣いていて、後にも先にも聴衆がこんなに泣くのを見たのは初めてのことだった。そしてヨーロッパの牢獄の門は、ついに開かれた。

32 国際文学賞審査員の栄光と挫折

私のいわゆる「脂の乗った頃」にあたる一九六〇年代は、実に多くの出来事があった。最も劇的だったのは、一九六八年にコロンビア大学で起きた学生ストライキだった。大学の秩序は、学生と教授陣の間に起きた対立で大いに乱れた。学生たちは大学の多くの建物を占拠し、教授陣は適切な対応について果てしなく討議を重ねた。ふだんは口が重くて自分の専門分野に関すること以外には意見を述べない教授たちが、会議ではストライキに対する賛否をめぐって多弁になった。ドイツからアメリカに亡命してきた大学者は、激情に声を震わせながら、ナチの学生たちが彼の教えていた大学をどのように占拠したかを語った。彼の危惧《きぐ》するところによれば、ストライキはコロンビア大学の自由主義の伝統を同じように破壊する前触れなのだった。ストライキに共感する教授たちは、コロンビアの例が手本となって他大学にもストライキが波及するに違いないと断言した。ストライキに反対の教授たちは、世の親たちはストライキによって講義が中断されるような大学に息子たちを送り込むのを躊躇するのではないかと警告した。

今となってはストライキの問題点がどこにあったか、なかなか思い出せない。ただ、ヴェトナム戦争反対が最大の争点であったことは確かだ。そうしたこと以上に私がはっきり覚えているのは、私の学生の何人かがストライキに参加した時に、私がいかに辛い気持になったかということだった。彼らの怒りに同情はしたが、教授に授業をさせないことが不正を正すことになるとは思わなかった。嬉しかったのは、ストライキの最中に学生の要請で私の授業が再開された時だった。ただし、それは教室でなく私の家で行なわれた。ストライキは当初は混乱を招いたが、結果的に学生たちと私は驚くほど親密になった。これまで教えた学生の中で最も親しい友人は、いずれもこの時期の学生たちである。

ストライキは学生が大学を乗っ取る前触れにならなかったし、より「民主的な」授業の方式へと道を開いたわけでもなかった。教授たちはやがて新たな「象牙の塔」を築き、そこで邪魔されることなく研究を続けることが出来た。大学の運営に参加する権利を勝ち取った学生たちは、ほどなくこの特権に興味を失い、多くはこれまで通りにスポーツやロック音楽に熱中するようになった。ストライキが象徴的に示していたのは、世の中が動いている仕組みに対して多くの国々の若者が不満を感じているということだった。(私の意見では)抑え難い不平不満の理由が遥かに山積している今日、若者たちは不思議にも沈黙を守っている。

一九六〇年代の私の記憶はかすんでしまったが、私の活動の記録は発表した本の形で残っている。一九六一年には、近松門左衛門の浄瑠璃十一曲の翻訳が出た。一九六七年には、やはり古典の『徒然草』の翻訳を発表し、これは私が自分の翻訳の中で一番気に入っている作品である。現代の作品の翻訳では、三島由紀夫の小説『宴のあと』(一九六五年)、戯曲『サド侯爵夫人』(一九六七年)がある。また、安部公房の戯曲『友達』(一九六九年)の翻訳も発表した。一九六一年には、『老婆、妻、そして射手』と題して日本の過去の時代を扱った中篇小説三篇の翻訳を一巻にまとめた。深沢七郎『楢山節考』、宇野千代『おはん』、そして石川淳『紫苑物語』である。これに加えて、すでに触れたように私は『文楽』と『能』の本を出版した。

一九六〇年代の一番悲しい出来事は、私の恩師である角田柳作が一九六四年に亡くなったことだった。先生は自分が癌にかかっていると知って、日本へ帰ることにした。先生は日本で死にたかったのだ。ところが先生は、帰途ホノルルで亡くなった。日本を出て初めて住みついたところに、先生は戻ったのだった。ニューヨークで、仏式の葬儀が行なわれた。祭壇の先生の写真を見た時、私は感謝の念と深い悲しみに襲われた。

一九六〇年代は、ヨーロッパの文学界と初めて私が接触した時代でもあった。（私の『日本文学選集』を発行した）グローブ・プレス社長のバーニー・ロセットは、私にフォルメントール賞のアメリカ審査団の一人になってくれないかと頼んだ。それまで私はこの賞のことを聞いたことがなかったが、影響力ではノーベル賞に次ぐ実力があった。一九六一年の受賞者はホルヘ・ルイス・ボルヘスとサミュエル・ベケットで、二人はこの受賞で初めて世界的に認められた。

フォルメントール賞には、二種類あった。国際賞は、最も脂の乗り切った時期にある作家の最新作に与えられた（これと違ってノーベル文学賞は、一般に最高傑作を書いてからだいぶ時間が経過している作家に与えられた）。もう一つの賞は、新人作家の作品に与えられた。賞の基金は、ヨーロッパの出版社六社とアメリカの出版社一社の寄付から成っていた（中央公論社は一九六七年に参加）。七つの審査団の委員は、国籍に関係なく選ばれた。

私が出席した最初の選考会は一九六五年、オーストリアのザルツブルクで開かれた。アメリカ審査団は、私の説得もあって国際賞に三島由紀夫を推すことにした。しかしながら、英国審査団の一人である手ごわいアメリカ人作家メアリー・マッカーシーは、フランスの小説家ナタリー・サロートの『黄金の果実』を支持して熱弁を振るった。彼女によれば、サロートの作品は生まれながらにして古典なのだった。スペイン審査団とスカンジナヴィア審査団は、ポーランドの小説家ヴィトルド・ゴンブロヴィッチを推した。しかし彼の受賞の可能性は、ドイツ審査団がゴンブロヴィッチの人種的偏見に注意を向けた時に薄れた。

審査員たちは、それぞれ自分が支持する作品について一席ぶった。アメリカ審査団の番になって、私が話し始めようとした時だった。何人かの審査員が席を立って、ドアの方へ向かうのが見えた。それは、なにも私に対する反感からではないと察しがついた（私は彼らにとって無名の存在だった）。当時、英語のよくわかる人間でも、英語など理解できないという振りをすることが流行していた。こうした態度をとることが、すなわちアメリカ嫌いを示す一つの方法だったのだ。

私は、その場で咄嗟《とっさ》にフランス語に切り替えることにした。私はそれまでフランス語で演説したことがなかったし、ここ数年はフランス語をほとんど使っていなかった。しかし、奇跡が起きた。私は、かつてないほど素晴らしいフランス語をしゃべったのだった。どうして、そういうことになったのかはわからない。私のフランス語は（奇跡にもかかわらず）間違いだらけに決まっていたが、いったんドアの方へ向かった審査員たちは銘々自分の席に戻った。今となっては、自分が嫌いだったサロートの小説にどんな悪口を浴びせたか覚えていないし、私が賞に推した三島とその小説『宴のあと』について何を語ったかも思い出せない。しかし話し終わった後、どうやら私は他の審査団の委員たちに感銘を与えたらしいことがわかった。なにより驚いたのは、ロジェ・カイヨワが私のところにやってきて、フランス審査団はサロートを完全に一致して支持しているわけではないと明かしたのだった。彼は、こう言った。「私たち」は三島に賞を取らせることになると思う、と。私は、狂喜した。一刻も早く、三島に電報を打ちたかった。

残念ながら、そのような結果にはならなかった。ゴンブロヴィッチを支持していたスペイン審査団がサロートに乗り換えたために彼女が過半数を取り、私の夢は打ち砕かれた。私はさらに二度にわたり、一九六六年のフランス南部、一九六七年のチュニスで開かれたフォルメントール賞選考会で、三島が誰にも増して賞に値するということを他の審査団に訴えた。しかしいずれも失敗したのは、(審査員の一人が私に話したように) 何がなんでも三島に賞を取らせるのだという私の態度が人々を怒らせ、負けたら負けたで文句を言うような奴だと思われてしまったからかもしれない。

チュニスで敗北した後、スウェーデンの出版社ボニエルス社の重役が私の失望を知って、こう慰めてくれた。「三島は間もなく、遥かに大きな賞を獲得するでしょうよ」と。それは、ノーベル文学賞以外にあり得なかった。私は彼の言葉が嬉しくて、敗北の痛みを忘れた。一刻も早く日本へ行って、三島に吉報を伝えたかった。私は三島が、他の何にも増してノーベル文学賞を欲しがっていることを知っていた。

ノーベル文学賞の順番が日本にまわってきたのは、一九六八年のことだった。しかし受賞者は川端康成で、三島ではなかった。この最も権威ある文学賞を川端が受賞したことは、確かに喜ぶべきことであったに違いない。しかし、このことが二人の死の一因となったかもしれない。

33　三島由紀夫の自決

次の十年間に起きた最初の重要な出来事、少なくとも私にとってそれは一九七〇年十一月二十五日の三島の死だった。三島の自決の詳細が報道されるや、政界や文学界の人々がそれぞれ意見を求められた。内閣総理大臣は、三島の自決を「狂人」の行為だと断定した。作家たちは、自分が自殺に駆り立てられた場合を想定して、三島は書けなくなったから自殺したのだと推測した。中には誇らしげに、三島は「心の友」であったと打ち明ける者たちもいた。

私は、三島の「心の友」ではなかった。十六年前の私たちの親交の始まりから、三島は彼の言うところの「べたべたした」関係は望まないと明言していた。私たちは秘密を共有しなかったし、お互いに助言を求めることもしなかった。私たちは、会って話をするのが楽しかったのだ。それは文学についてのこともあれば、世界の情勢、あるいは共通の知人についてのこともあった。同時に私たちは仕事仲間でもあって、私は三島の本格的な小説や戯曲を訳したばかりでなく、アメリカの雑誌のために彼が書いた軽いエッセーも翻訳した。

私たちの付き合いは、いつも折り目正しいものだった。これは主として、私の方に原因があった。かつて三島は、お互いに丁寧言葉はやめて、気楽な昔馴染みのように話しませんかと言ったことがあった。しかしこれは私には難しいことで、どこか不自然な気がした。私が育ったのは日本ではなかったし、家族や同級生に日本語で話しかけたことはなかった。「三島さん」の代わりに「三島君」と呼ぶのは、私を親しい気分にさせるどころか、むしろ気取っているように響くのではないかと思った。三島は、私が彼の要請に応じないことを知って、二度と再びこの話を持ち出さなかった。

私たちは間違いなく友達だったが、彼の礼儀正しさには一本筋が通ったものがあり、それは私たちの関係のあらゆる面に行き届いていた。三島は、いつも折り返しすぐ手紙の返事をくれる日本では唯一の友人だった。彼は、決して約束に遅れなかった。夕食に招いてくれる時は、いつも決まって高級レストランで、私がもっと安い場所で食べませんかと言っても聞かなかった。私には、彼の会話はどんなご馳走よりも遥かに楽しかったのだ。食事中、私たちは大いに笑った。時には彼の笑い声が大き過ぎて、他の客たちが私たちの方を振り向いたほどだった。吉田健一が、かつて言ったことがある。三島は口では笑っているが、眼は笑っていない、と。これは、あるいは事実かもしれない。しかし本心からのものであれどうであれ、三島の笑いには伝染性があった。

一九七〇年夏、三島は私を下田へ招待した。毎夏八月、三島は下田で家族と一緒に過ごす習慣があった。ふだんは毎日深夜から朝六時まで執筆活動を続け、六時から午後二時まで睡眠をとり、それから剣道の稽古や何かの集まりに出かけ、家に帰るとまた執筆を始める。子供たちと過ごす時間があまりなかったので、その埋め合わせとして、八月の一ヵ月間は子供たちのために時間を捧げることにしていたのだった。

私はぎっくり腰の痛みがひどくて、もう少しで下田行きをキャンセルするところだった。しかし直感的に、三島が到着から出発までの私の下田滞在の計画を分刻みで立てているに違いないと思った。私は、彼の計画をぶちこわしにするのは堪え難かった。しかし下田へ向かう列車の中で、ぎっくり腰のことを言おうか言うまいか私は迷った。しか

芥川比呂志の楽屋を三島由紀夫と訪問

し、プラットホームで日に焼けた陽気な三島の姿を見た時、私は武士のように断固として痛みのことは内緒にしておくことにした。

私たちは、鮨屋で昼食をとった。三島は、中トロばかり注文した。後で、その理由を推察することが出来た。彼は、つまらない魚に時間をつぶしている暇などなかったのだ。夕方、私たちにジャーナリストのヘンリー・スコット・ストークスが加わった。ストークスは、のちに三島について本を一冊書いた。三島は私たちを一軒の料理屋へ連れていき、そこでは本来なら夏の間には食べられない伊勢エビが出た。彼は私たち三人のために、五人前を注文した。五人前の料理が出てくると、彼は量が足りないと言って、さらに二人前を追加した。何かおかしい、と私は思った。しかし三島は、私たちの最後の晩餐で伊勢エビを心ゆくまで食べたいと思ったに違いない。

翌日、三島と私はホテルのプールへ行った。彼は水に入らなかったが、筋骨たくましい自分の身体を見せるのを楽しんでいた。私たちは、完結間近い彼の四部作『豊饒の海』について話した。三島が言うには、作家として身につけたすべてを、この作品に注ぎ込んだとのことだった。そして笑いを浮かべながら、付け加えた。あと残っているのは、死ぬことだけだ、と。私も、笑った。しかし私は、何かおかしいと感じたに違いない。「べたべたした」問題については話さないという私たちの誓いを破って、尋ねていた、「なにか悩んでいることがあるんだったら、話してくれませんか」。彼は眼を逸らして、何も言わなかった。しかし三島は、三カ月後に自分が死ぬことを知っていたのだ。

その夜、ホテルの部屋で三島は四部作四巻目の最終章の原稿を私の手に載せた。「一息に」書き上げた、と三島は言った。私に読みたいかどうか尋ねたが、私は辞退した。前の章で何が起きたかも知らないで読んでも、わからないと思ったからだ。八月に書き上げられていたにもかかわらず、三島は十一月二十五日、原稿にその日の日付を書き込み、直後に自衛隊市ヶ谷駐屯地へ向かったのだった。

九月、私はニューヨークへ向けて日本を発った。離陸は、午前十時だった。三島が見送りに姿を現した時、本当にびっくりした。不精髭のままで、眼が充血していた。たぶん、徹夜の仕事の後だったに違いない。それでもなお私は、下田の時と空港でのいつもと違う彼の行動が、何かの不幸を予兆しているなんて思いもしなかったのだ。飛行機が飛び立った後、三島は私を見送ってくれた他の友人たちと一緒に空港のレストランへ入った。いきなり「つまらない死に方はしたくない」と言って、三島は皆を驚かせた。

これが、三島に会った最後だった。彼はニューヨークの私に数通の手紙をくれて、その一つは私の質問に答えたものだった。私は、なぜ彼が四部作に『豊饒の海』という題をつけたか尋ねたのだった。当時、三島について原稿を書いていた私は、その意味を間違いなく理解したいと思っていた。彼の返事は、こうだった。

「豊饒の海」は月のカラカラな嘘の海を暗示した題で、強ひていへば、宇宙的虚無感と豊かな海のイメージとをダブらせたやうなものであり、禅語の「時は海なり」を思ひ出していただいてもかまひません。

まだ私には、その意味がわかったとは言えなかった。しかし私は何か不安で、不吉なものさえ感じた。「豊饒の海」に水がないのと同じように、世界はまったく意味がないものだという結論に三島は達したというのだろうか。

これが最後から二番目の手紙で、最後の手紙は彼の死の二日後に届いた。それは、三島と「楯の会」隊員が市ヶ谷へ出かけた後に、彼の机の上に残されていたものだった。三島夫人は、親切にもそれを投函してくれたのだった。たぶん、その手紙は本来なら警察に引き渡すべきものだった。

事件の起きた日の深夜十二時頃、ニューヨークの私の部屋の電話が鳴った。電話は、読売新聞ワシントン支局からだった。記者は、数時間前に東京で起きたことを手短に述べ、私の感想を求めた。私は呆然として、論理的に返答できなかった。電話は一晩中鳴り続け、いずれも日本の新聞、雑誌からだった。どれも同じ質問で、私は次第に理路整然と返答できるようになった。ついには、まるで芝居のセリフを暗誦しているような気がした。

すぐにも日本へ行きたかったが、私には金がなかった。折しも、国際東洋学会が一月にオーストラリアで開催されることを知った。これで旅費は手に入るし、オーストラリアからの帰途に日本に立ち寄ることが可能だった。

助成金を得て、オーストラリアで快適な一週間を過ごしたが、私の思いは常に日本に向かっていた。東京に着いたのは一月二十四日の三島の葬式の直前で、私は弔辞を述べることを引き受けた。ところが、私の親しい友人三人は葬式に出席してはいけないと言う。私が弔辞を述べることで、三島の右翼思想を擁護しているように取られてはまずいと言うのだった。最終的に彼らの説得に応じたが、それ以来私は、自分がもっと勇気を示さなかったことを何度も後悔した。

私は三島夫人を訪問した。三島の写真がある祭壇に、私は彼に捧げた自分の翻訳 *Chūshingura (The Treasury of Loyal Retainers)*（『仮名手本忠臣蔵』）を置いた。その本には、下田で会った時に三島自身がこの浄瑠璃から選んだ次の一節が題辞として掲げられていた。

国治まつてよき武士の忠も武勇も隠るゝに
たとへば星の昼見へず、夜は乱れて顕はるゝ

34　葬儀委員長川端康成とノーベル文学賞

築地本願寺での三島の葬式の葬儀委員長を務めたのは、川端康成だった。すでに少年の頃から多くの葬式に出席していた川端は、「葬式の名人」として知られるようになった。しかし三島の葬式は、川端にとってとりわけ辛いものがあったに違いない。三島の文学的才能を認めた最初の一人である川端は、一九五七年に三島に宛てた手紙の中で、もし自分の名が日本文学史に残るとしたら、それは三島を「発見した」人物としてだろうとまで言ったのだった。

私が川端に会ったのは、日本に住んだ最初の年だった。彼は当時、日本ペンクラブの会長だった。組織の運営に携わるような仕事は、川端から受ける世俗と縁がないような印象と矛盾するようだった。しかし事実、生涯の最後まで川端は国際的な文学会議に出席し続け、また政治活動にも積極的で、都知事候補の応援のために選挙カーに乗って東京の街を演説してまわった。

私は彼に助力を求めたことがあって、それは『日本文学選集』に収録しようと思った作品の作者から掲載の許可を得ることだった。川端は直ちに、一人一人と連絡を取ってくれた。こうした類の親切に対する感謝の気持とはまったく別に、私は最初に会った時から川端に親しみを感じた。彼と話をする上で困ったことは一度もないが、聞いた話では川端の長い沈黙のために女性リポーターが泣き出してしまったことがあるというのだった。彼は差し迫った用事がある時でも、たっぷり時間をとってくれた。

特に覚えているのは、軽井沢に彼を訪ねた時のことだった。前もって言われていたのは、慢性の不眠症克服のために睡眠薬を飲んでいた川端は、朝起きるのがだいぶ遅いということだった。私は午後二時ならいいだろうと思って、その時間に行った。川端は、朝食をとろうとしている時だった。私にも勧めてくれたが、私はすでに昼食を済ませていた。私たちが話している時、庭を行ったり来たりしている男に気づいた。ボディーガードだろうか、と私は思った。ついに好奇心を押さえ切れずに、彼が誰なのか川端に尋ねた。川端は微笑しながら、あれは新聞社から今日の連載原稿を取りにきた人ですよ、と答えた。一刻も早く原稿をもらいたくて庭を行ったり来たりしている人間がいても、川端は一向に私たちの会話を切り上げようとはしなかった。

川端のことを考えると、どうしても余韻のある表現とか、日本の伝統への傾倒とか、日本の風景に対する愛着といったことが頭に浮かんでしまう。しかし彼の文学的生活には、まったく別の面があった。初期にはシュールレアリスムや「意識の流れ」の技巧を実践していたし、こうした関心が放棄されたわけでないことは晩年の小説の一つ、思わずぎょっとする『片腕』からも明らかである。さらに言えば、過去の日本文学への愛着にもかかわらず、川端の小説の舞台は現代であり、計画していた『源氏物語』の現代語訳には手をつけずじまいだった。

川端の中の何かが孤独を渇望していたが、同時に彼は東京のバーへ行って楽しむことも好きだった。一度、まったく偶然にバーで出会ったことがあった。次に会った時、川端は前にバーで会ったことを喜んでいるように見えた。川端は私のことを、どうやら真面目過ぎると思っていたようだった。

別の機会に、私は川端の私生活の思いがけない一面を見ることになった。あるバーのホステスが、私が軽井沢に別荘を持っているのは本当かと尋ねた。質問に驚いたが、その通りだと答えた。彼女はさらに驚かすように、こう言ったのだった。「頼みたいことがあるんですが、他の人には頼めないことなんです。ぜひ、お願いします。別荘の掃除でも、なんでもしますから」と。私たちは翌日、私のホテルで会うことにした。

彼女は約束通り現れて、私に一通の手紙を渡した。彼女の頼みというのは、次に軽井沢に行った時に、その手紙を川端に渡してほしいというのだった。しかも、それは川端夫人のいない時に渡さなければならなかった。私は手紙を受け取ったが、やっかいなことになったと思った。私は軽井沢へ行き、手紙をポケットに入れて川端邸を訪ねた。川端夫人が、台所へ消えた時があった。手紙を渡すには、いい機会だった。しかし、やめた。手紙の内容は知らなかったが、ホステスの素振りから言って、川端夫人の心を痛めるようなことが書いてあるに違いなかった。私が好意を持っているのは夫人であって、ホステスではなかった。手紙は、渡さなかった。折に触れて、この時の自分の決断について考えることがある。私は、臆病な振舞いをしたのだろうか。私は川端から、孤独の慰めとなるものを取り上げたのだろうか。なぜ最初に、ホステスの頼みを断わらなかったか。

これらの疑問に対する答えは、結局わからないだろう。思いがけず偉大な作家の私生活に関わりを持ちながら、私は大胆に行動する知恵に欠けていたのだった。
川端のノーベル文学賞受賞が大きな驚きだったのは、なにも彼が受賞に値しないと考えたからではない。はなっから私は、三島がもらうものと思い込んでいたのだった。私が聞いた話では、ダグ・ハマーショルドは『金閣寺』の翻訳を読み、三島を高く評価することをスウェーデン・アカデミーに伝えていた。この筋からの推薦は、軽視されないということだった。また三島がフォルメントール賞を逸した後、スウェーデンの一流出版社の重役から三島はもっと権威ある賞を受けるだろうと言われていた。別の日本人が受賞するなんて、思ってもみなかったのだ。

しかしながら川端がノーベル賞をもらうことになったのを私が祝福したい気持になるのに、長くはかからなかった。彼は、確かにこの受賞に値した。それでも今もって私は、どういうわけでスウェーデン・アカデミーが三島でなく川端に賞を与えたのか不思議でしようがない。一九七〇年五月、私はコペンハーゲンの友人の家に夕食に招待された。同席した客の一人は、私が一九五七年の国際ペンクラブ大会の時に東京で会った人物だった。日本で数週間を過ごしたお蔭で、どうやら彼は日本文学の権威としての名声を得たようだった。ノーベル賞委員会は、選考の際に彼の意見を求めた。その時のことを思い出して、居合わせた客たちに彼はこう言ったのだった。「私が、川端に賞を取らせたのだ」と。この人物は政治的に極めて保守的な見解の持主で、三島は比較的若いため過激派に違いないと判断した。そこで彼は三島の受賞に強く反対し、川端を強く推した結果、委員会を承服させたというのだ。本当に、そんなことがあったのだろうか。三島が左翼の過激派と思われたせいで賞を逸したなんて、あまりにも馬鹿げている。私は、そのことを三島に話さずにいられなかった。三島は、笑わなかった。

川端はノーベル文学賞の受賞を喜び、授賞式の記念講演のために「美しい日本の私」という感動的な一文を書いた。彼は日本で尊敬の的となり、出版社は競って受賞記念の作品集を出した。しかしながら、彼の家の食堂に置かれた十八世紀風スウェーデン製の椅子のセットを除いては、川端の生活に目立った変化はなかった。不幸にして川端は、ノーベル賞受賞者としての名声をさらに確かなものとするような作品を、もはや書くことが出来ないようだった。多くの作品を手掛けたが、どれも未完に終わった。

三島は川端の受賞を喜び、おそらくその気持に嘘はなかった。しかし、三島はノーベル文学賞の順番がまわってくる地理的要因から考えて、次の日本人の受賞までに少なくとも二十年はかかることを知っていた。彼は、それまで待てなかった。三島は、武術に打ち込んだ。一九六九年十一月、三島と彼の私兵である「楯の会」は、国立劇場の屋上で「パレード」を演じた。川端はこの式典に招待されたが、出席を断わった。当時私が聞いた話では、腹を立てた三島は、川端より谷崎の方が大作家であることが今わかった、と人々に話したそうである。彼は差し迫った死のことが頭にあって、ひどく精神が張り詰めていたかもしれない。ノーベル文学賞受賞の望みは、三島を自殺から遠ざけていた。しかし今やその望みは打ち砕かれ、彼の「ライフワーク」である最後の四部作は終わりに近づこうとしていた。死への道をさえぎるものは、何もなかった。

川端は、三島の死に愕然とした。川端は不当な判断が行なわれたと感じていたかもしれないし、自分より三島が賞を受けるべきだったと思っていたかもしれない。満足のいく作品を何も書けないまま川端は、日本文学の国際的評価を高めるのに役立つような企画に打ち込んだ。彼は、一九七二年秋に開催される外国人日本文学研究家会議の発起人だった。最後に川端に会った時、彼はこの会議について熱っぽく語っていた。

しかし会議が始まる六カ月前、川端は自殺を遂げた。大岡昇平によれば、ノーベル文学賞が三島と川端を殺したのだった。

Ⅳ

35 『百代の過客』から初の伝記『明治天皇』へ

一九八二年、朝日新聞の後援で「緑樹」をテーマに会議が開かれた。都会生活における緑の重要性が、発言者すべてによって力説された。さすがに、樹木の大量伐採を提唱する人は誰もいなかった。参加者たちは終了後、お礼に料亭に招待され、そこには鰻《うなぎ》と、ふんだんな酒が彼らを待っていた。宴の途中で、座敷の上座にあたる席に坐っていた司馬遼太郎が立ち上がり、下座にいる朝日の編集局長の方にやってきた。見るからに司馬は、かなり酔っていた。彼は大きな声で、「朝日は駄目だ」と言った。編集局長は、当然のことながらびっくりした。司馬は続けた。「明治時代、朝日は駄目だった。しかし夏目漱石を雇うことで良い新聞になった。今、朝日を良い新聞にする唯一の方法は、ドナルド・キーンを雇うことだ」と。

後になって初めて、司馬が何を考えていたかわかった。朝日に記事を書いているのは、すべて日本人だった。司馬が考えたのは、日本人スタッフと隣り合わせの机に日本人以外の人間がいて、日本人スタッフと同じ食堂で飯を食えば、朝日は真に国際的な新聞になるということだった。

しかしながら私たちは、誰もが司馬の発言を酒の上での冗談と受け取った。私は自分が第二の夏目漱石のような大層な役割を果たすことなど、まったく不可能だということを知っていた。しかし一週間ほどたって、永井道雄（当時、朝日の論説委員だった）が私に告げたのは、朝日が司馬の助言に従うことに決めたということだった。私は、客員編集委員のポストを与えられた。驚くと同時に、非常に光栄に思った。私自身の資格については疑問があったが、引き受けることにした。

最初、朝日の人々は私をどう扱ったらいいかわからなかった。申し分のない個室を与えられた私は、（司馬の希望に反して）誰の席からも見えなくて、そこで何をしていいかわからなかった。ほっとしたことに、ついに私に仕事が与えられた。日本人からよく尋ねられる共通の質問について、連載を書く仕事だった。『日本人の質問』と題された連載は評判がよく、この成功のお蔭で、朝日で働いた十年間に三つの長期連載を書くことになった。

最初の連載『百代の過客』は、九世紀から十九世紀にかけて日本人が書いた日記の研究だった。私は戦時に語学将校として翻訳に携わって以来、日本人の日記に関心があった。当時は何ヵ月もの間、戦場で採集された日本人の手紙と日記ばかり読んでいた。私の頭にひらめいたのは日記の研究、それも個性的な人物の日記の研究は、日本人が何世紀にもわたって自分の周りの世界をどのように眺めていたかを知る上で貴重な資料となるのではないかということだった。連載は週五日で、時々、このペースで書き続けるのに困難を覚えることもあった。私が英語で原稿を書き、友人の金関寿夫が上手に翻訳してくれた。驚いたと同時に嬉しかったのは、この本がその年のノンフィクションの最高作として読売文学賞と新潮日本文学大賞の二つの賞を受賞したことだった。

次の連載はその続篇で、研究の対象となる日記は一九二〇年代まで延長された。この連載の方が、私は書くのがおもしろかった。日記文学の古典と違って、そこで取り上げた日記は一般に知られていなかった。しかし、日記の中にところどころポルノまがいの個所もあったにもかかわらず、前の本ほどは読者の関心を惹かなかった。三回目にあたる最後の連載は、私が知っている作家たちとの交遊録だった。この『声の残り』は連載時にはなかなか好評だったが、本は売れなかった。題名が、いささか詩的であったためかもしれない。朝日新聞との関係は一九九二年に終わり、私は七十歳で退職した。

翌年、私は『日本文学の歴史』の最終巻を刊行した。友人の中には、私の文学史のことを指して「ライフワーク」と呼ぶ人もいた。褒めてくれたつもりだろうが、この言葉には同時に不吉な響きがある。つまり、私はすでに人生の頂点に達してしまっていて、もはやこれ以上の作品は書けないということを暗示しているのだった。私は七十一歳だった。昔であれば尊敬すべき年齢ということになって、隠居でもして庭いじりをしたり、俳句を作ったりしたのかもしれない。しかし私は、引退する気分になれなかった。私は自分が老人であるとか、間もなく耄碌《もうろく》するとかいう兆しを自覚することは出来なかった(もっとも私自身、どう見ても公平な評者とは言えないが)。要するに、私は書き続けたかったのだ。

難しいのは、適切なテーマを見つけることだった。ある編集者は、三島について評伝を書くように勧めた。しかし、そういうことになれば三島の私生活に立ち入ること

司馬遼太郎（左）、永井道雄（右）と

もしなければならなくなる。私は、書かないことにした。同様の理由で躊躇したのは、生きている作家について書くことだった。私は彼らの秘密を知りたいとは思わないし、かりにある人物の作品の九割を褒めたとしても、残りの一割に対する批判を彼は不愉快に思うに違いなかった。

この時点で、ある雑誌の編集者が次の本のための連載を依頼してきた。まだテーマは決まっていなかったが、書こうと思えば何とかなると思った。日本人の伝記なら書けそうな気がして、ただしそれは現代の人物でも文学者でもなかった。しかし、誰について書いたらいいだろうか。私の頭にひらめいたのは、明治天皇が日本の天皇の中で一番偉大な君主として称賛されているにもかかわらず、英語で彼の伝記がないことだった。日本語で書かれた伝記も、ほとんどないに等しかった。明治天皇は、確かに伝記を書くに値した。

十分承知していたのは、明治時代の文学作品を読んでいることを除けば、私には明治天皇の伝記を書く資格がないということだった。幸いにも数ヵ月前、私は『明治天皇紀』全十三巻を手に入れていた。このセットを買ったのは、題材に惹かれてというよりは、値段がひどく安かったからだった。この全十三巻は、伝記を書く五年間にわたって私の道しるべとして役立った。

私は、明治天皇の父親である孝明天皇から伝記を書き始めることにした。孝明天皇のことはほとんど知らなかったが、恩師の角田柳作が私に語った話が頭に残っていた。一九一五年頃、角田先生はホノルルのバーで一人の日本人に会った。彼は、孝明天皇の暗殺に関わったために亡命してきたと言うのだった。この話は私の記憶にこびりついて離れなかったが、これを伝記に使うことは出来なかった。角田先生から話を聞いたのは四十年前のことで、私の記憶は間違っているかもしれなかった。ホノルルで先生が男から話を聞いたのは、さらにその四十年前のことで、先生の記憶もまた信頼できるとは限らなかった。しかも、その男はただ酔っ払っていただけなのかもしれないのだった。しかし、こうした噂があること自体、私の好奇心をそそった。孝明天皇について読めば読むほど、彼が非常におもしろい人物であることがわかってきた。その結果、私の明治天皇の伝記の最初の五分の一は、彼の父親の時代の出来事に割かれることになった。

もちろん、その時代の注目すべき話題の一つは明治天皇の誕生だった。私は天皇が誕生したその日から、彼の生活を記述した――誕生に伴う数々の儀式、陰陽師《おんみょうじ》の吉凶判断、幼児が着ていた衣装、彼がもらった伝統的な玩具《がんぐ》、等々。こうした些事《さじ》は、たぶん歴史の専門家には興味に乏しいことかもしれない。しかし私にとっては、政治経済の変化について書かれた資料よりも、明治天皇誕生の頃と現代の生活とを区別する数々の相違点を生き生きと伝えてくれた。

私の伝記がこの時代の通常の研究と違っている点は、まだ少年期にあった頃の天皇を取り巻く人々が詠んだ和歌、また長じて天皇自身が詠んだ数多くの和歌を取り上げたことだった。明治天皇の和歌のテーマは多くはありふれたもので、陳腐でさえあったが、時には和歌一首から天皇の肉声が聞こえてくることがあった。こうした手掛かりが貴重だったのは、孝明天皇と違って明治天皇は記憶すべき手紙そのものを一通も残さなかったし、また明治天皇を一番よく知る人々は、私が知りたいことをめったに明らかにしてくれなかったからだった。主人公を生き生きと蘇らせる個人的な情報なしに伝記を書くことは難しかったが、この人物について調べていく過程で、私はかなり天皇本人に近づいたと思う。

36 「日本のこころ」と足利義政

伝記『明治天皇』の成功は、もちろん喜ばしいことだった。私は予期していなかったが、我が翻訳者角地幸男は最初から十万部は売れると予言した（事実、六万部を超えた）。特に嬉しかったのは、韓国語訳とロシア語訳が出た時だった。しかし一つの点で、この成功は私に気まずい思いをさせた。

『明治天皇』を書いたのは、新潮社に勧められたからだった。長い連載執筆のあらゆる段階で、私は編集者たちの貴重な助力を受けた。著者に対して、これ以上のことをしてくれる出版社があるとは、ちょっと考えられない。ところが、ある日、嶋中雅子と話した時、この本を中央公論社から出さなかったことに私は罪の意識のようなものを感じた。亡くなった彼女の夫の元中央公論社社長嶋中鵬二は、親友であったばかりでなく、私を日本の文学界にデビューさせてくれた恩人なのだった。会社の内部で私に対する優遇措置に反対があった時でも、彼の親切は変わることがなかった。彼は私の『日本文学の歴史』全十八巻を出版してくれたが、たぶん赤字だったのではないだろうか。にもかかわらず私は、初めて奇跡的によく売れた自分の本を、別の出版社から出したのだった。

私は嶋中夫人に、次の本は彼女のところから出すと約束した（夫の死後、彼女は中央公論社社長に就任していた）。何について書いたらいいだろうか、と私は夫人に尋ねた。彼女の答えは、「日本のこころ」だった。

もちろん私は、この言葉をよく知っていた。何度も耳にしたことがあったが、日本人が「日本のこころ」と言う時、どういう意味で言っているのか、はっきり考えたことはなかった。自分にとってはどういう意味だろう、と考えてみた。まず頭に浮かんだのは、畳を敷きつめた典型的な日本の部屋で、障子があり、床の間があり、そこには水墨画の掛け軸と生け花が飾られていて、外には控えめに小さな庭があり、それは部屋の一部と言ってよかった。私はこうした部屋で食事をしたことがあって、それは金持の友人が夕食に招いてくれた時だった。この種の部屋は、どうやら日本人の一種独特なあこがれを満足させるようで、彼らは比較的簡単な食事にも嬉々として高いお金を払う。こうした部屋にいる時に醸《かも》し出される親密な気分は、その最大の魅力かもしれない。花は部屋の雰囲気に欠かせない要素だが、親密な気分そのものには生け花以上の魅力がある。椅子ではなくて畳に坐るのが苦痛な人でも、こうした部屋での食事に喜んで参加するし、長い間坐っているせいでズボンに皺がついたとしてもたぶん気にしない。ここに書いたような部屋は、確かに「日本のこころ」の一要素とみなされていい。

私は、ほかにも可能性のある要素について考えてみた。すっきりと無駄のない能楽の舞台が、まず頭に浮かんだ。簡素な舞台装置、様式化された動き、猥雑《わいざつ》なリアリズムに堕することのない儀式化されたセリフ回し、そして時代を超越したテーマは日本独特のものである。中国の演劇とも西洋の近代劇ともまったく異なっているが、古代ギリシャの演劇に似ている。しかし、能が「日本のこころ」に含まれるということになると、歌舞伎もそれに劣らず日本的ではないかと思った。ところが、こちらは能と正反対に派手な色彩の舞台、誇張されたセリフ回しや大げさな身振りから成っていて、しかも日本の歴史の特定の時代と密接に結びついていた。

似たような矛盾は、日本人の嗜好のどの側面を一般化しようとしても出てくるように思われる。もし日本建築の特徴が簡素で装飾がないことだとした場合、日本人の多くから最高に素晴らしい建築とみなされている装飾過剰な日光東照宮はどう説明したらいいのだろうか。もし墨絵が「日本のこころ」に一番近いと考えた場合、源氏物語絵巻とはどう折り合いをつけたらいいのだろうか。その絵巻の方は、鮮やかな色彩にもかかわらず日本絵画の極めつきの傑作とみなされている。もし備前焼が最も典型的な日本の焼き物だとしたら、より色彩に富んだ磁器は「日本のこころ」から除外されることになるのだろうか。

日本人の嗜好は何世紀にもわたって変わらずに来たわけではなくて、おそらく日本の歴史のあらゆる時代、社会のあらゆる階層のすべてにあてはまる「日本のこころ」の定義はないのだと思われる。しかし、もし日本の高級料亭の典型的な部屋を「日本のこころ」の一つの代表例とすることに異議がなければ、そこにしか見られない特徴を指摘し、その起源をたどることは可能である。もちろん、これとまったく矛盾する日本人の嗜好の現れもまた「日本のこころ」に属する資格があるという事実を、しっかり頭に置いての上であることは言うまでもない。

よく学者たちは十五世紀の応仁の乱を指して、日本文化の新旧交代の時期だと言う。十年間続いた戦乱のさなかに、京都の町の建物はほぼすべて破壊された。京都は、ただの大都市ではなかった。日本文化の一大宝庫であり、その破壊はまさに取り返しのつかない大損失だった。戦乱がついに一四七七年に終息した時、京都がかつての栄華を取り戻すことは不可能と見えたに違いない。しかし五年後、東山で足利義政の別荘の建築が始まり、そこが新しい文化発祥の地となった。この新しい文化は今日なお生きていて、それは高級料亭のみならず、一つでも日本間があるすべての建物の中に息づいている。

日本建築の最も典型的な様式である書院造りは、東山で生まれた。この様式に特有な一つの特徴は、円柱ではなくて角柱を使ったことだった。今一つの特徴である畳は、昔の絵画を見てもわかるように、すでに平安時代にあった。しかし、その頃の畳は一般に部屋の中のところどころに数枚しか敷かれていなかった。東山時代になって初めて、畳が床全体に敷き詰められることになったのだった。障子と床の間が生まれたのも、東山時代である。

絵画の様式も、変わった。それ以前の絵画には一般に色彩があったが、この時期から墨絵が日本人の嗜好を示す典型的な様式となった。たとえば、雪舟《せっしゅう》や雪村《せっそん》の傑作がそれである。さらに、日本人は昔から神仏に花を供える習慣があったが、生け花の芸術が知られるようになったのは義政の時代になってからだった。そして義政が建てた銀閣寺の中に今でもある一室で、茶の湯が生まれたのかもしれないのだった。

私は「日本のこころ」の研究を始めるまで、東山文化の中心的な役割に気づいたことがなかった。私が日本の歴史で読んだ足利義政に関する様々な話を総合すると、彼は気まぐれな専制君主のように思えた。京都の町が応仁の乱で燃えているさなかに、義政は自分の宝物である美術品を玩弄《がんろう》して楽しんでいた。私が考えたのは、たぶん義政はネロのような人物ではなかったかということで、ローマの町が野蛮人に略奪されているさなかに、ネロは(伝説によれば)ヴァイオリンを弾いていたのだった。私は間違っていた。義政は、特に晩年の義政は繊細で美的天分に溢れた人物だった。ただし銀閣寺に居を定めるまでは、同時代の日本人の暮らし向きにも、将来の世代の文化にも一切貢献したことがなかった。義政は、将軍として失格だった。日野富子との結婚生活は不幸せだったし、息子の義尚《よしひさ》とは敵対関係にあった。しかし生涯の最後の十年間は、東山時代の精神を体現する守護神のような存在だった。この時代が日本人に残した文化遺産には、測り知れないものがあることが明らかとなっている。たぶん日本史上、義政以上に「日本のこころ」の形成に影響を及ぼした人物はいなかったのではないだろうか。

私の原稿『足利義政と銀閣寺』は、雑誌「中央公論」に約一年間連載された。連載中に受け取った唯一の反応は、嶋中雅子からの電話だった。彼女は、笑いながら言ったものだ。連載の内容は一般の読者にはちょっと難しいのではないですか、と。これには、がっかりした。『足利義政――日本美の発見』という題で本になった時には書評がわずかで、これにもがっかりした。しかし著者というものは、無視された自分の「子供」には特別の愛情を覚えるもので、誰かがこの本を褒めてくれたりすると（時にはそういうこともあった）、『明治天皇』を褒められるよりも遥かに嬉しかった。

「日本のこころ」について一番注目すべきことは、日本人がこの言葉を使って次のような信念を伝えてきたことかもしれなくて、それは日本人の審美的かつ精神的な嗜好のある部分が日本人独特のものだということだった。あるいは、それは正しいかもしれない。しかし自分たちだけが特別だという確信を、このように強く抱いている国民が他にいるとは思えない。

37　私の「年中行事」、私の「ニューヨーク」

一九八〇年代には、すでに私の生活は一連の「年中行事」に従って行なわれるようになっていた。大晦日《おおみそか》は毎年、安部公房・真知夫妻と過ごした。私たちの会話を記録しないまでも、せめて詳しくメモしておけばよかったと思う。安部が言うことはすべて興味深かったし、深刻な発言には機知がはさまれ、特に逆説によって耳に快いものとなった。安部夫人もこれに劣らず才気煥発で楽しく、会話に弾みをつけた。お蔭で私たちがいた部屋のことで覚えているのは、壁際に安部の作品の外国語訳の膨大なコレクションが並んでいたことだけである。

出てくる食べ物は型通りのものではなかったが、本質的に日本料理だった。安部はコスモポリタンであるにもかかわらず、なによりも日本料理が好きだった。私たちが通常飲んだのは日本酒だが、ワインの時もあった。ある年、安部は自慢げに自分で調合した飲み物を作ってくれた。彼は、私に当ててみなさいと言った。知っているような味だったが、どこか捉えどころがなかった。それは、日本酒に炭酸をまぜた即席のシャンパンだった。あまり、お勧めは出来ない。

新年は、（今もそうだが）東京で永井道雄一家と伝統的なおせち料理を食べて過ごした。実を言うと、私はおせち料理が苦手である。しかし私は、食べ物も含めて「年中行事」に従うのが楽しくなっていた。それは私が、まさしく日本人に近づいた証拠なのだった。その翌日か翌々日、こんどは私が永井一家を宇佐美に招いて「吉長」の料理でもてなした。

それが終わると、一週間かけてアメリカの友人たちにお土産を見つけるためにデパートを駆けまわり、最後に歌舞伎を見て、だいたい一月十日頃にニューヨーク行きの飛行機に乗る。私はいつも日本を発つのが悲しくなり、最後にゲートで振り返って見送りにきてくれた友人たちに手を振る時、運良くまた戻ってこられるだろうかと今でも思う。

日本との往復は、私にとって判で押したような退屈な習慣にはならなかった。空から日本の海岸線を目にすると、今でも興奮する。毎年一月に日本を離れるのは辛いが、コロンビア大学の春の学期に間に合うようにニューヨークへ戻らなければならない。毎年のことだが、いつもニューヨーク到着に際しては同じような不安に駆られる。それは、吹雪のために空港から町に行けないのではないかということだった。一度そういう経験があっただけだが、私は根っからの心配性である。

ニューヨークの自分のアパートに戻ると、私はまず部屋を見まわす。そこは間違いなく、私が二十年間住んできた場所である。しかし、我が家に戻ってきたという気があまりしない。確かに棚には私の本が並んでいて、その中にはまだ高校生だった頃に手に入れたものもある。戸棚と床の上には、何年間にもわたって買い集めた何百枚というレコードがあって、私はそれを特に寂しい時や気がふさいでいる時に数え切れないほど聴いたのだった。居間の床を覆っている中国製の絨毯《じゅうたん》は一九二七年か二八年に父が購入したもので、それは大恐慌が始まる直前で私たち一家が新しい家に引っ越した時だった。すべてのものに馴染みがあるが、私が変わったのだった。私の世界の中心は、日本に移っていた。

ニューヨークには、それなりの魅力がある。私のアパートからは、ハドソン川が見下ろせる。一月にはよく浮氷が流れていて、荒涼とした感じだが美しい。春が来ると、窓の真下に見える公園の景色が一変する。アパートから少し歩くとコロンビア大学の東アジア図書館があって、私が必要とする本はたいがいそこで手に入る。蔵書の中には、事実、私が日本で購入したものも数多くある。私は本を買うのが好きだが、買った本は、とどのつまり私の家ではなくてコロンビアの図書館に納まることになる。私の家には、もはや新しい本が割り込む余地などないのだ。コロンビア大学の蔵書の中には、私が直接に作者から贈られた本や彼らの書簡もある。

自宅のパーティーで　有吉佐和子、安部公房と

ニューヨークの一番の魅力は、旧友たちに会うことである。私が最も親しかった日本の友人たちの多くは、すでに亡くなっていた。年末になると、私は東京の家に友人たちを招き、パーティーを開いたものだった。永井道

雄夫妻、嶋中鵬二夫妻、安部公房・真知夫妻、篠田一士夫妻、庄司薫・中村紘子夫妻、有吉佐和子、徳岡孝夫。これらの友人の半分以上がすでに亡くなっていて、しかも誰もが私より若かった。しかし不思議なことに、ニューヨークの友人たちは私よりかなり年上もいるのに、まだぴんぴんしている。お蔭で私は共通の知人のことや、私たちが知り合ってからの五、六十年間に共に体験してきた出来事について、思い出話に花を咲かせることが出来る。

ニューヨークと言えば、それはメトロポリタン・オペラのことでもある。初めてメトロポリタンでオペラを見た一九三八年、私は十六歳だった。その時の出し物はグルックの『オルフェオとエウリディーチェ』で、レパートリーの中で一番古い作品だった。旋律は断片的にしか知らなかったし、イタリア語も理解できなかったが、私はすっかり心を奪われてしまった。特に、オルフェウスが死んだ妻を捜し求めて地獄へ降りていく場面は凄かった。地獄の住人たちの苦悶を奏でる音楽と、それと対照的な神の祝福を受けた魂の音楽が私を魅了した。ニューヨークで芝居を見始めたのは十一歳か十二歳の時からで、もちろん映画も数多く見た。しかし、この十八世紀のオペラほど私を感動させたものはなかった。

録音したレコードを買いたかったが、当時のオペラ全曲盤のレコードは十五枚かそれ以上が普通だったし、私には買うお金もなかった。代わりに私は、ほかのオペラの切符を手に入れるためのお金を貯めた。翌年、母が誕生日のプレゼントに何が欲しいかと尋ねた時、私は「オペラ観劇の会員券」と答えた。会員券は、毎週金曜日ごとに公演される十六演目のオペラの切符がセットになっていた。値段はごく安くて一公演につき一ドルだったが、十六ドルの出費が母の財布には結構負担であることはわかっていた。私は、心から感謝した。

一九三九年、それはオペラの栄光の時期で、特にワーグナーの黄金期だった。私の席は天井桟敷の最後列だったが、ノルウェーのソプラノ歌手フラグスタートとデンマークのテノール歌手メルヒオールの戦慄的な声は、完璧に聞こえた。それ以来私はオペラを数え切れないほど、しかもたくさんのオペラ座で観たけれども、こんな声を二度と聴いたことがない。ただし、演技はまったく単純だった。それが全然気にならなかったのは、私の席が舞台からかなり離れていたせいかもしれない。英雄ジークフリートに扮したメルヒオールが、二十センチぐらいの高さから大げさに跳び降りた時、もし音楽がなければ滑稽に見えたかもしれない。私は、少しも笑いたい気持にならなかった。音楽の威力に打たれて、身動き出来ないでいたのだ。あの頃のメトロポリタン劇場の舞台装置は、古ぼけてみすぼらしかった。しかし、フラグスタートが『タンホイザー』の歌の殿堂に姿を現した時、彼女の声は瞬時にして薄汚い垂れ布を荘厳な殿堂に変えてしまった。

私が初めて日本に住んだ時、友人の多くはまったくオペラに興味がなかった。そのくせ、オペラ以外のクラシック音楽については何でもよく知っているのだった。興味がないのは友人たちの説明によると、セリフが理解できないからだった。もちろん理想的には、どんな言語であれセリフがすべてわかった方がいいし、そうすれば歌手がセリフをどう解釈して演じているか、その巧妙な歌いぶりを堪能することが出来る。しかし、ほとんどのオペラのセリフは、散文的でつまらない。誰かが文学作品を読むように、イタリア・オペラの台本を読んでいるところなど想像できない。そして事実、『トリスタンとイゾルデ』の愛の二重唱の台本を読んでも、そのセリフが実際に歌われた時の舞台の圧倒的な美しさはわからない。オペラならではの楽しみは、数々の美しい旋律は別にして、セリフに関係なく主人公たちの心の奥底にある感情の秘密を私たちに明かしてくれることにある。もしオペラの音楽がこれらの感情を伝えることに成功すれば、その楽しみは聴くごとに新たなものとなるに違いない。

最初は、なかなかワーグナーの音楽が楽しめるところまで行かなかった。しかし、フラグスタートが『神々のたそがれ』の最後の場面を歌うレコードを買って、すべての音が自分のものになるまで毎日聴いた。その音楽が聴きたくて、大学から家に着くのが待ち切れないほどだった。

こうしたことが、私のニューヨークの幸福な思い出の中にある。そのせいに違いないが、日本人がニューヨークを「犯罪都市」と呼ぶと悲しくなる。たぶんサンフランシスコは別にして、私はニューヨーク以外のアメリカの都市に住みたいとは思わない。それでもなお毎年五月、ニューヨークから東京へ行く日が近づくたびに、私は一番大事な「年中行事」をまた経験するという期待で、興奮に胸をときめかせるのだった。

38　旧友ヨーロッパへの郷愁

一九八一年、私はケンブリッジ大学から文学博士号を受けた。この博士号は、博士論文を完成したり本を出したりした時に与えられるものと違って、これまでの仕事すべてに対する評価として授与されるのだった。この博士号を受け、約三十年の時を隔ててケンブリッジとの関係が復活したことは、私にとって大きな名誉だった。知り合いの教授の何人かは今でも教壇に立っていて、私のことを覚えていた。しかし一番感動したのは、かつて住んでいたコレッジの守衛長の挨拶の言葉だった。「お帰りなさい、先生」と、彼は言ったのだった。

博士号の授与式は、数世紀前にさかのぼるケンブリッジの伝統に則って執《と》り行なわれた。私は文学修士のガウンを着て、大学副総長の前で真紅のベルベットのクッションにひざまずいた。お祈りの時のように指を組んだ私の手を、副総長は両手で包み込み、ラテン語で何か言った。私は答えて、伝統的な文句を短く呟《つぶや》いた。私は、あたかも自分が古代の学者たちの仲間入りをして、過去の多くの偉人たちに連なったような気がした。

授与式の前に、同僚のキャロル・グラックと彼女の夫で建築家のピーターと一緒に旅行し、英国の大聖堂を幾つか見て歩いた。私たちが訪ねたのは、ダーラム、ヨーク、リンカンだった。荘厳な大聖堂の建物とそれを取り巻く田園風景は、それまで日本に対する愛情によって覆い隠されていた英国への愛着を蘇らせた。私は毎年、日本に帰りたい気持で一杯だったので、ニューヨークを発つ時、正反対の方角にあるヨーロッパへ行くことなど考えもしなかった。

続く数年間、何回かヨーロッパで開催された会議に招かれたが、特にイタリアが多かった。幾つかの点でイタリアが旅行者にとって腹立たしいのは、自分が訪ねたいと思っている建物の多くが閉まっている可能性があるということだった。場合によって、何年間も修理工事中であったりする。しかしヨーロッパで、イタリアほど驚異に満ちている国はない。谷崎や北斎の会議に出席したヴェニスは、特に私を惹きつけた。そこで幸せな気分にひたれたのは、素晴らしい建築物やその芸術的な壮観とは別に、ヴェニスが自動車のない町だからだった。通りから聞こえてくる音といえば、人の歩く足音だけなのだ。

私は一九九〇年の一ヵ月をパリで過ごし、コレージュ・ド・フランスで日本の日記について講義した。私のフランス語はもはや昔のように流暢ではなかったが、講義をするのは楽しかったし、とりわけパリにいること自体が幸福だった。なによりも好きだったのは、昔の建物を思い出しながら、あてもなくぶらぶら歩きまわることだった。中には一九四八年以来見ていない建物もあって、それはまるで私の「旧友」のようなものだった。私は郷愁に駆られて、かつて滞在したことのある安ホテルを何軒か見て歩いた。それが今なお建っているのを見つけて、嬉しかった。また、当時足繁く通ったレストランも見つかればいいと思った。そこは一ドルが三百フラン以上の価値があった時に、百フランでうまい食事が食べられたのだった。しかし、これはすでに姿を消していた。私はまた華麗な古いオペラハウスにも足を運んで、昔見た公演のことを思い出した。当時私が坐った席からは、劇場の装飾の一部である木彫り細工のパイナップルが邪魔をして、舞台がよく見えなかったのだった。私が特に愛着をもって覚えていたのは、シテ島のてっぺんに生えている柳の木だった。それは毎年春になると、一番先に葉が芽吹くのだった。

ヨーロッパに住んでいた頃に経験した最大の冒険は、友人三人と英国製のジープを駆って英国からイスタンブールまで旅行したことだった。戦後初の東洋学者の会議が一九五一年、イスタンブールで開催された。私たちとジープは飛行機で英国海峡を渡り、フランスからイタリアへ入り、ユーゴスラヴィア、ギリシャを通ってトルコまで行った。私たちは寝袋を持参していて、ホテル代を浮かすために野外で寝るつもりだった。しかしユーゴスラヴィアのある小さな町は、野外で夜を過ごすのにふさわしい場所がなさそうだった。そこで、ホテルに泊まることにした。宿の主人は、私たちに部屋を見せてくれた。最初の部屋には大きなベッドがあって、そこに四、五人の男たちが寝ていた。彼は、「あと一人、ここに寝られます」と言った。私たちは、床に寝ることにした。

旅の途中で通った橋の多くは、戦時中に破壊されていた。私たちのジープは、なんとか川を横切ったが、あとでブレーキの調子が元に戻るのに一時間かかった。ギリシャとトルコの間には、道路がなかった。一人の男が、道案内を買って出てくれた。男はジープのフードの上に乗って、方向を指示した。草原を飛び跳ねながら走った末に、遠くに一軒の家が見えてきた。男は、「あれがトルコだよ」と言った。彼はフードから飛び降り、金は一切受け取らずに、陽気にぶらぶらと歩み去った。トルコの最初の村で一人の老人が英語で尋ねた、「あんたたち、旅のお人かね」と。

私は、一ヵ月をイスタンブールで過ごした。この都市に対する最初の反応は、失望だった。家々は壁がはげてペンキが塗っていない木造の建物で、市場は寂れていた。私が期待していた市場は、珍しいオリエントの宝物で満ち溢れているはずだったが、宝物どころか何も売っていなかった。スピーカーはオペラ『サムソンとデリラ』の痛飲乱舞の場の音楽を流していて、それはまがいものの東洋趣味でしかなかった。ところが数日足らずの内に、失望はたちまち愛着に変わった。その愛着の思いがあまりに強かったので、私は余生をそこで幸福に送れるのではないかと思ったほどだった。特に気に入ったのは、古い木造の家々だった。アヤ・ソフィアのモスク（イスラム教寺院）は、かつて見た建物の中で最高に美しかった。トプカピ博物館のスルタン（イスラム教国の君主）の宝物には、眼のくらむ思いがした。

ごく最近、イスタンブールを訪れたが、驚いたことに木造の家々はことごとく姿を消していた。イスタンブールは、すでに近代的な都市になっていた。五十年前から変わらずに残っていた唯一のもの、それはヨーロッパからボスポラス海峡を隔ててアジアを眺めているという戦慄だった。一九五一年当時の私は、飛行機で旅行する金がなかった——その時、思ったものだ。自分は今、考えられる限り一番アジアに近いところにいる、と。

過去十五年の間に、それまで知らなかった国々へも旅行した。よく利用したのは、日本のクルーズ客船「飛鳥《あすか》」だった。一九九八年、私は「飛鳥」の世界一周旅行の一部にあたる二週間の巡航に招待された。唯一の義務は、船上で二回か三回、日本語の講演をすることだった。もちろん、私は大喜びだった。過去四十年間、私は船旅をしていなかった。よく飛行機に乗っていて、これが船旅だったらどんなに楽しいだろう、と思ったものだった。

「飛鳥」の最初の船旅は、ニューヨークから西インド諸島を経てパナマ運河に出て、そこからメキシコへ行く航路だった。霧に包まれた夕方のニューヨークからの出航は、特に忘れ難いものだった。私はニューヨークに生まれ、そこで育った。しかし夜の帳《とばり》が降りる時のニューヨークの町の無数の灯りを、海上から見たことはなかった。

その時以来、毎年二週間を「飛鳥」の船上で過ごすようになった。最近の航海では、日本文学のことだけでなくオペラについても講演し、興味あることを取り混ぜて話すようになった。私はノルウェーの最北端の岬を見て、そこでは夏は太陽が沈まないのだった。赤道のすぐ南にあるアマゾンの港マナウスでは、最大の見ものは壮麗な歌劇場だった。

私は、自分が幸運だということがわかっていた。いつも自分の幸運に戸惑いを感じていたので、こうした幸運に恵まれたことのない友人たちには、船旅のことは口にしないようにしていた。たまたま船旅に触れた時に私が強調したのは、船上にいるお蔭で電話に悩まされることなく勉強に専念できるということだった。これは、嘘ではなかった。船室で『明治天皇紀』を三巻か四巻読むことが出来たし、（もっと後の航海では）足利義政に関する本を数冊読むことが出来た。しかし、船上や異国の港での二週間を限りなく楽しいものにしてくれたのは、もちろんそのことではなかった。二〇〇六年の圧巻となった忘れ難い訪問は、エストニアの中世の都市タリンと、思わず眼を瞠《みは》るほど美しいサンクトペテルブルグだった。日本のクルーズ客船に乗って船旅をする日が来るなんて、戦時中は思ってもみなかった。すべて、私が学んだ日本語のお蔭なのだった。

世界の様々な土地に対する新たな関心は、私の日本への愛情が薄れたことを意味しているのだろうか。答えは、断じて否《ノー》である。旅行者であることを楽しみ、割り当てられた一日か二日以上、ある港に滞在したいと思うことはよくある。しかし私の生活は、あまりにも日本と離れ難く結びついていて、その絆を断つことなど思いもよらない。日本は、いつだって私が行き着く最後の港なのだ。

39 「紅毛碧眼」の時代と蘭学者たち

生涯を通じて私は、日本および日本人について出来る限りのことを学びたいと努力してきた。その一方で、日本人が何世紀にもわたって外国人をどう見てきたかということにも興味を持った。日本人が最初に知った外国人は、中国人と朝鮮人だった。これらの人々との接触は、日本の歴史初頭にまでさかのぼる。中国人も朝鮮人も、日本人と肉体的特徴が似ていた。そのため顔でなく、もっぱら言語と衣服によって日本人と区別されることが多かった。日本人が中国を題材に画を描く時、中国人の描写が正確かどうかということは気にする必要がなかった。ゆったりとした衣服、独特の髪形、そして（男の場合は）細長く垂れた髭を描けば、画中の人物が日本人でないことを伝えるのに十分だった。

日本人は、自分たちと違う顔をあまり見たことがなかった。日本人は仏教を信じていて、それがインドに発祥した宗教であることを漠然と知っていた。しかし仏教が日本にたどりつくまでに、すでに画や彫刻の仏陀は東アジアの顔になっていた。大きな眼と胸毛のある達磨《だるま》だけは、本来の外国人としての特徴を備えていた。

十六世紀半ばにポルトガル人が日本にやってきて、初めて日本の画家たちは外国人の顔を描いた。ポルトガル人は「南蛮《なんばん》」として知られていたが、画家たちは彼らを野蛮な未開人としてではなく、文明人として描いた。もっとも、描かれたポルトガル人は確かに日本人よりも大きな鼻をしていたし、奇妙な服を着ていた。日本人は、手当たり次第に外国の文化を取り入れた。流行に敏感な若者たちは、腰のくびれたポルトガルの胴着ダブレットを身につけた。歌舞伎の創始者と言い伝えられる阿国《おくに》は、宗教的信仰とは関係なく誇らしげに十字架を胸にかけた。ワインはたちまち人気となり、様々な種類の食べ物がヨーロッパのみならず新大陸アメリカからも持ち込まれた。タバコ、カステラ、サツマイモ、テンプラ料理が、この時期に外国から入ってきた。秀吉は西洋の衣服を着てくつろぐのが好きだったし、彼の好物はビーフシチューだった。

約一世紀の間、日本人はヨーロッパ人を歓待した。しかしキリスト教によって日本人の忠誠心の対象が国と宗教に分裂する恐れがあったため、キリスト教は禁制となり、続いて長い鎖国の時代が来た。二百年以上にわたって、ほとんどの日本人は外国人を見たことがなく、外国人について知っていることと言えば、彼らが「紅毛碧眼《こうもうへきがん》」であるということだけだった。確かに、長崎に住んでいた日本人が出島でオランダ人を垣《かい》間見《まみ》たということはあったかもしれない。そこは、日本で唯一ヨーロッパ人が住むことを許されていた土地だった。しかしオランダ人と接触できる日本人は、一般に通詞《つうじ》だけに限られていた。江戸時代後期の十八世紀になって、一握りの日本人（たぶん百人を超えない）がヨーロッパの医学、天文学、航海術を始めとする様々な科学分野に関する知識を身につけるため、オランダ語を勉強し始めた。

オランダ語を学ぶのは、極めて困難なことだった。出島の幕府お抱えの通詞たちは、オランダ語の知識を家の秘伝として外部へ漏らさず、そのことがオランダ語を学ぼうとする人々の意気を挫《くじ》く結果となった。その通詞以外に、熱意に燃える蘭学者たちを助けることが出来る者は誰もいなかった。辞書もなければ、入門書もなく、発音の手掛かりもない。彼らの多くは、オランダ人と話す機会がなかった。しかし数々の困難にもかかわらず、あくまで彼らは西洋について学ぶ努力を続けた。その知識が、日本のためになると信じたからである。

私が初めて蘭学者のことを知ったのは、角田先生の徳川時代の思想に関する授業だった。先生の講義のお蔭で、学生たちは儒学の様々な学派の特徴について理解することが出来たが、私の印象ではむしろ独自の思想家たち、つまりどこの学派にも属さない人々を先生は気に入っていたようだった。私が特に魅力を感じたのは、本多利明だった。

経済学者の本多は、大災害となった天明三年（一七八三）の浅間山の噴火に続く飢饉の原因について考えた。本多は信濃国を旅し、人々が飢餓で死んでいく光景を見てぞっとした。彼の推定では、二百万の人々が飢饉のために死んだのだった。それまで豊穣だった土地が見渡す限り不毛の地と化している姿を見て、本多は愕然とした。彼は自問する、「これらの事実をヨーロッパ人が知ったら、さぞ軽蔑するのではないか。木の家に住む人間は愚鈍で頭が弱いから、これほどたくさんの国民を失ったのだと思うに違いない」。

本多は自分が見た被害について語るだけでなく、解決策も提示した。たとえば幕府主導の交易、海外領土の獲得である。日本は成功している西洋の国々の例に倣うべきである、と本多は確信するに至った。ヨーロッパのやり方に熱中するあまり、とんでもない考えに踏み込むこともあった。オランダ人から見れば木の家に住む人間は愚鈍だと思われるのではないかというのもそうだし、日本の首都はカムチャッカに移すべきだと力説したりもした。カムチャッカはロンドンと同じ緯度にあり、従ってロンドンのように大いに繁栄を謳歌《おうか》することになるに違いないというのだった。

しかしながら、ほとんどの点で本多は何よりもまず実利を重んじた。彼が漢字を放棄することに積極的だったのは、その数が多すぎて非能率的だからだった。仮名だけを使うのが望ましかったが、それよりも(たった二十六文字の)アルファベットの方がさらによくて、理由はその方が能率的だからだった。本多は、描かれた対象に極めてよく似ているヨーロッパの絵画を称賛した。美しいだけで有益な目的のために役立たない日本の絵画より、それが優れていると信じたからだった。本多は、宗教はすべて嫌いだった。しかし中国の港湾都市が繁栄したのは、あるいはキリスト教を取り入れたせいかもしれないと考えた。

ほかの日本人は、ヨーロッパ人に対してお世辞にも友好的とは言えなかった。平田篤胤はヨーロッパの科学を尊重していたが、にもかかわらずオランダ人のことを次のように描写した。「彼らの眼は、まるで犬のようだ。腰から下が長く、脚が細長いところなど獣そっくりだ。彼らが小便をする時は、犬がするように片足をあげる。さらに、足の裏が地面に届かないと見えて、靴に木製の踵《かかと》をつけている。お蔭で、なおのこと犬に似て見える」と。

平田の意見は蘭学者たちの反感を買ったし、今日の読者にはただもう滑稽なものとして映るかもしれない。しかしこうした意見があったということは、蘭学者たちの努力にもかかわらず、中には外国人を悪魔ないしは獣同然に考えていた日本人がいたという証拠である。ペリー提督と彼の将官たちが黒船時代の日本の絵画に描かれている姿は、ただ単に珍奇なものというのではなかった。それは口を大きく開けて、あたかも呪《のろ》いの言葉を浴びせている怪物だった。明治維新、また鹿鳴館に象徴される外国崇拝の時期を経た後でも、多くの日本人が考えていたのは平田篤胤のような極端な言い方ではないにせよ、とにかく外国人は自分たちとはまったく異なる存在だということだった。明治維新後は外国の文物に対する崇拝の時期と、日本主義の時期がいつも交互に現れた。

一九五三年に京都に来た時、私は三十一歳だった。たまたま出会った人々は、よく私の年齢を尋ねたものだった。最初、私は本当の年齢を答えた。しかし、それではあまりおもしろくないので、ある時、冗談に「十六歳」と答えた。お蔭で質問した相手はバーの隣に坐っている人物に、「外国人は濃い髭をたくわえている。そのせいで年より老けて見えるのだ」と説明した。別の機会に私は、「五十五歳」と答えた。年齢を尋ねた男は握手を求め、「私と同じだ」と言うのだった。

こうした取るに足らない出来事について記したのは、最近、著しい変化が見られたからである。数日前、私は十年前だったら起こらなかったような経験をした。ある婦人が私に、最寄りの地下鉄の駅への行き方を尋ねたのである。それはまさに、私にとって喜びの瞬間だった。その婦人は私の外見におかまいなしに、私が駅の場所を知っていると判断したのだった。あるいは私がいかにも聡明そうな人間に見えて、私が日本人であるかどうか、よく考えなかったのかもしれない。蘭学者の長い闘いは、ついに実を結んだ。

40　伝記『渡辺崋山』——井の中の蛙、大海を知る

二〇〇三年に私が取り掛かった仕事は、角田先生なら喜んだに違いないと思われるテーマだった。画家で、思想家の渡辺崋山《わたなべかざん》である。幅広い美術の知識を必要とする作品を書くことには、いささか躊躇するものがあった。しかしそうした疑念は払拭《ふっしょく》して、崋山および幕末の日本について書くために必要となりそうな本を入手し始めた。私の念頭にあったのは、この研究がすでに出版した伝記『明治天皇』の背景をなすものになってくれれば嬉しいということだった。また、なぜ明治維新があのように成功したのか、その数々の理由を明らかにしてくれるのではないかと思った。

私が企てた仕事は同時に、『日本人の西洋発見』の続篇に相当する作品になるはずだった。三十八年前、この本の日本語訳が出た時、ある書評者は私の蘭学研究を天保

期（一八三〇年代）以降まで続けたらいいと書いてくれた。私は書評のことをすっかり忘れていたが、期せずしてその筆者の提案に応じた形になった。

崋山を研究の中心人物に据えることにしたが、まだ崋山についてあまりよく知らなかった。崋山が描いた二枚の線画を私は覚えていて、それは西洋を偏愛し過ぎたかどで逮捕された後、崋山がいかに過酷な仕打ちを受けたかということを示唆していた。一枚は崋山が床にしゃがみ、縄で縛り上げられていた。もう一枚は両手を鎖でつながれ、刀を差した二人の武士の尋問を受けていた。これら二枚のスケッチは、崋山の生涯について読んだどの文献よりも私の記憶から離れなかった。

特に惹かれたのは、思想家としての崋山だった。しかし、世間一般には画家としての崋山の方が有名であることを知っていた。そこで研究を始めるにあたって、まず美術書や展覧会の図録に複製されている崋山の画を調べることにした。その中には崋山以前の中国画や日本画によく似ているものもあり、そういう画に私は興味がなかった。しかし、常套的な題材を扱っている時でも崋山は優れた画家だった。私が一番感銘を覚えたのは、彼が描いた肖像画だった。

日本には肖像画の長い伝統があって、それは聖徳太子像にまでさかのぼる。肖像画の対象となったのは天皇であり、僧侶や尼僧であり、将軍や武将、ごく稀には武将の夫人たちも登場した。日本の肖像画は人物の死後に描かれることが多く、描いた画家は当の本人に会ったことがなかった。しかし、実際の人物に似ていないからといって、彼らが非難されることはなかった。画家は、対象の人物の一番の特徴とみなされる美徳をそれとなく示すことが出来れば、それで十分なのだった。たとえば堂々たる威厳、信心深さ、沈着冷静、等々。これら公的な肖像画の多くは上手に描かれている。しかし、それをいくら眺めていても、オランダの肖像画を見た時のように画中の人物と自分との絆を感じるのは難しい。

一休や秀吉の肖像画は、日本の伝統的な肖像画として傑作の部類に入る。より写実的な顔の立体感を伝える陰影や色彩に欠けているが、いずれも忘れ難い印象を残す。こうした肖像画は、むしろ漫画に近い。人物の際立った特徴は摑んでいても、生きている人間そのままという感じがしない。多くの肖像画、たとえば三十六歌仙を描いた絵巻物の肖像画は、どの顔も同じように見える。それぞれの歌人を見分けるには、口髭や顎鬚《あごひげ》の形や長さを頼りにするしかない。女流歌人の肖像画は後ろから描かれるこ顔の代わりに見えるのは滝のように流れる黒髪である。

不満を感じた。同様にして、どこだかわからない山々の
を覚えた。崋山によれば、山を描く時は紛れもなく特定の山と
に描かなければならなかった。それは、一般的な山であってはいけないのだった。特に崋山の批判の対象となった日本の画家たちは、自分で見たこともない中国の「詩的な」山々の景色を描いた。それは、画家の想像力の中にしか存在しない山だった。

　渡辺崋山が従来と違った種類の肖像画を創り出したのは、たぶんオランダの書物の挿絵に影響されてのことだったと思われる。私の知る限り、油絵の肖像画は日本に輸入されたことがなかった。しかし同じ肖像画でも、たとえば銅版画は手に入った。かりに科学的な専門書であっても、ほとんどの本の口絵にはその本を献呈された紳士の肖像画が載っていた。こうした銅版画は崋山が肖像画を描くにあたって、それまでの日本の肖像画より対象に似せて描くにはどうしたらいいか、その方法を示唆したかもしれない。風景画であれ肖像画であれ、崋山はリアリズムこそが絵画の本質だと考えるに至った。

　対象を忠実に表現したいという欲求は、西洋では当たり前のことだった。ヨーロッ

パの画家たちは人物の特徴を正確に描こうと試みたばかりでなく、その衣服の材質が絹なら絹、毛織物なら毛織物、その衣装の一部が毛皮か羽毛かということまで描き分けた。日本の画家も十分に克明かつ正確な絵を描くことが出来て、それはたとえば昆虫の絵を見ればわかる。しかし、肖像画は精密さを欠いていた。

肖像画で正確を極めたいという崋山の決意は、儒学者佐藤一斎《さとういっさい》の肖像画を描くにあたって準備した十一枚の画稿から明らかである。これらの画稿はすべて同じ角度から描かれていて、その表情はほとんど変わらない。しかし崋山は、連作の画稿一枚一枚を描くごとに、一斎の顔の個性を摑むことに近づこうとした。衣服には、ほとんど注意を払わなかった。崋山が関心を持ったのは一斎という人間そのもので、その生気みなぎる顔は日本画では前例がない。崋山の肖像画に描かれた一斎は、ただの学識ある儒学者ではなかった。それは、まぎれもない一個の人間だった。

崋山がこれほどまでに一斎の個性を重視したのは、封建体制が個人の願望を抑えるために課した窮屈な制約に対する反撥《はんぱつ》であったかもしれない。崋山は、オランダの教育制度を賛美していた。日本の学生が儒教教育の処世訓に従わなければならないのと違って、オランダでは生まれながらにして学生に備わっている才能が育成されたのだった。崋山は武士として一般庶民よりは自由な立場にあったが、いくら絵が描きたくても常に藩の記録を熟読することで日々を送らなければならない運命にあった。崋山は少年期から儒教を学び、自分の著述の中で繰り返し儒教の書物から引用している。しかし月並みな儒学者たちと違って、崋山は西洋から学ぶことに熱心だった。それは画の上達を図るためだけでなく、世界について理解を深めるためだった。すでに天明三年(一七八三)、大槻玄沢が書いている。

近年、蘭学が知られるようになって以来、儒学者たちはこれを排斥する傾向がある。異端の説は採用すべきではないと言うのだ。この批判は、いったいどういう意味なのか。蘭学は、もとより完璧なものではない。しかし、その優れたところを取り入れ、それに倣うことのどこが悪いのだろう。その長所を論じることを拒否し、後生大事に自分が一番よく知っていることだけにしがみついていることほど滑稽なことがあるだろうか。

崋山はこうした儒学者を、自分の狭い専門分野に自足して外の世界のことを何も知らない「井の中の蛙」に譬《たと》えた。また、「盲目の蛇を懼《おそ》れず、聾者の雷を避《さ》けざる」ようなものだ、と言っている。崋山が恐れたのは、日本人が西洋研究を通じてヨーロッパから学ぶべきことを発見しなければ、ヨーロッパの侵略にさらされる危険があるということだった。崋山は翻訳で読んだオランダの書物に称賛すべき点が多々あることを発見したが、それは何も外国の珍しい知識に好奇心をそそられたからではなかった。日本人が西洋について知れば知るほど、それが日本のためになると信じたからだった。

崋山の草稿の数篇が幕府の役人の手に渡った時、崋山は逮捕された。崋山の唯一の罪は、西洋を賛美することで暗に日本を批判したことだった。崋山は一人の儒学者の嘆願のお蔭で、かろうじて処刑を免れた。

崋山は、田原（現在の愛知県にある）の在所蟄居《ちっきょ》となった。田原藩の藩士として、そこは崋山の正式な居住地だったが、崋山はそれまでの全生涯を江戸で過ごしたのだった。彼の蟄居生活は貧困のうちに送られたが、弟子たちからの送金で息をつくことが出来た。ついに崋山は再び絵筆を執り、その絵を売ることに同意した。同じ藩の藩士がその事実を知り、蟄居の条件に違反したかどで崋山を告発した。自分の行為が藩主の迷惑となることを恐れ、崋山は自決した。

崋山は、独自の見解が歓迎されない時代に独自の思想家であったため、その報いを受けたのだった。

(『渡辺崋山』は二〇〇五年一月から雑誌「新潮」に一年余にわたって連載され、二〇〇七年三月に新潮社から出版された。)

41　八十四歳、「老齢」を楽観する

私が少年だった頃、父は時々酔っ払って帰ってきて、そういう時の父は多少涙もろくなっていた。父は私のベッドの上に身を乗り出し、自分の信念を打ち明けることがあった。人間は五十五歳になる前に死ぬべきだ——その後は、と父は続け、「何の役にも立たない」と言うのだった。

まだ三十代だった父が、なぜ老齢についてこのように悲観的であったのか私は知らない。しかし五十五歳という年齢は、十歳かそこらの少年にとっては遠い未来のことのような気がして、素直に父の意見を真実として受け入れた（父は実際には八十代まで生きて、その晩年はたぶん父の最も幸福な時期だった）。ところが後年、二つの経験が私の気持を変えた。第一の経験は、角田先生の教えを受けたことだった。先生は当時七十代で、学問に対する先生の愛情、そして自分の発見を学生に譲り渡すことを喜ぶ先生の姿を、私は目の当《ま》たりにしたのだった。第二の経験は、アルトゥーロ・トスカニーニの映画を見たことだった。トスカニーニは七十代後半でヴェルディの作品を指揮していて、音楽に対する自分の情熱をオーケストラの団員に伝えようとしていた。いずれの場合も、もっと若い人間には発見できない何かを感じて、それは一つの啓示となって私の心を深く打った。私は、五十五歳で死なないことにした。

私は現在、八十四歳である。昔であれば珍しい老齢とみなされたに違いないが、近頃では特に日本の場合、ごく普通の年齢である。幸いにも私はめったに病気をしたことがなく、二回の短期間を除けば入院したこともない。自分の健康に悩むことがほとんどなくて、自ら進んで運動しようと努めたこともなければ、バランスの取れた食事を心掛けたこともない。日本の友人たちは、私が自分の血圧を知らないと言うと、びっくりした顔で私を見つめる。医者が血圧の数字を教えてくれるような時でも、それが喜んでいい数字なのか悲しむべき数字なのか私にはわからない。

不思議でならないのは、健康に細心の注意を払って長生きするためのあらゆる手立てを講じている人々よりも、私が長生きしていることである。あるいはこれは遺伝かもしれなくて、私の祖母の一人は百歳まで生きた。理由はともかく嬉しいし、これからやってくる仕事の歳月を私は楽しみにしている。すでに新しい本の仕事に取り掛かっていて、何とかそれを完成させるとしたら少なくとも五年はかかりそうである。この本を書くのは、さぞ楽しいことだろうと思う。椰子《ヤシ》の木陰に坐って海を眺めながら、片手にラムの一杯がある——なんてことを、私はこれっぽっちもしたいとは思わない。

友人の何人かを襲った「ぼけ」が、私を不意に襲うのではないかという不安が頭をかすめることは確かにある。親しい友人の眼を見つめていて、そこに何の手応えも感じられないということほど悲痛なことはない。私もまた、いつの日か、何もわからない放心した眼差《まなざ》しを人前にさらすことしか出来なくなるかもしれないと考えると、そのような状態で生きるよりは死んだ方がましではないかという気がする。しかしそんな時私は、非常に老齢であるにもかかわらず次々と新しい作品を産み出していた人々のことを考える。ヴェルディは、八十歳を前にして『ファルスタッフ』を作曲したのだった。北斎は九十歳になるまで、画を描き続けた。私は野上彌生子が九十代のときに二回対談したことがあるが、彼女はほぼ百歳で小説を書いたのだった。私も彼らのように幸運なら、あるいは正気を保っていられるかもしれない。

自分の人生を振り返ってみると、私の人生を左右してきたのは明らかに幸運であって、長い熟慮の末の決断ではなかった。大学の教室で中国人の隣に坐った偶然が彼の国に対する関心を目覚めさせ、その関心は後年になって東アジア全体に広がり、さらに年ごとに大きく成長を重ねて今や私の人生の一番大事な部分を占めている。太平洋戦争が勃発したのは、まさに日本語の勉強をやり始めた時で、これが私の一生を決定したのだった。

ヨーロッパの古典音楽を愛する気持は、日本に対する愛情よりもかなり長く私に浸透している。これもまた、一つの偶然だった。少年の頃、音楽は私にとって何物でもなかった。私は七歳の時からピアノのレッスンを受けたが、それが私に何の喜びももたらさなかったのは、自分が不器用であることに気づいたからだった。努力して練習すれば目標に到達できる――そういう情熱の対象となるような古典音楽の素養がまだ幼い私には欠けていた。練習が楽しくないと父に訴えたら、父はレッスンを続ける必要はないと言った。退屈な曲をコツコツ勉強する単調な時間から解放されて、私は嬉しかった。しかしあの時、父が私の尻をたたいてでもレッスンを続けるように強要していてくれたらと、よく思うことがある。自分自身の楽しみのためにピアノが弾けた

平泉中尊寺にて　(2006年夏)

ニューヨークの自宅でコロンビア大学の学生と　(2007年春)

ら、今の私はどんなに嬉しいだろう！

古典音楽に無知なまま私は高校に入り、そこで友達の一人が毎週土曜夜のラジオ放送を聴くように私に勧めたのだった。それは、トスカニーニがNBC交響楽団を指揮する音楽番組だった。もしこの友達がいなかったら、私は誰の助けもなしに古典音楽を発見していただろうか。

音楽を愛する気持は、日本に対する私の愛情とはまた別のものである。告白しなければならないが、あらゆる種類の音楽のすべてが好きでないのと同じように、私には日本文化のあらゆる面の真価が等しくわかるわけではない。私は日本の古典音楽を楽しむこともあるが、それはベートーヴェンの四重奏やシューベルトの連作歌曲、あるいはヴェルディのオペラのように私を感動させることはない。これを指して、いくら日本文化に打ち込もうと、やはりキーンは外国人だと言う人がいるかもしれない。しかし多くの日本人が、私と似たような音楽の好みを共有していることもまた事実である。

日本での生活に一つ不満があるとしたら、それは私の本を読んだことのある人も含めて多くの日本人が、私が日本語が読めるはずがないと思っていることである。日本語で講演した後に誰かに紹介されることがあるが、中には英語の名刺を持っていないことを詫び、あるいは名前に読みやすいように仮名が振ってないことを謝る人がある。東大の某教授などは、私が書いた『日本文学の歴史』を話題にして、「あなたが文学史で取り上げた作品は、翻訳で読んだのでしょうね」と言ったものである。

食べ物のことになると、私は今なお「よそもの」といった感じである。時には、味噌汁をおいしく思うことがある。しかし毎朝、朝食で味噌汁を飲みたいとは思わない。ところが、クロワッサンとコーヒーの朝食には飽きたことがない。こうした好みは、どうやって決まるのだろうか。いわゆる「おふくろの味」に対するあこがれでないことだけは確かだ。コーヒーについて言えば、私はコーヒーが大嫌いだった。大学の時も海軍にいた時も飲んだことがなくて、しかもコーヒーは海軍が支給する唯一の飲み物だったのである。初めてコーヒーを飲んだのは、英国に住んだ時だった。私が（アメリカ人として）紅茶よりもコーヒーが好きに違いないと思って、特別に私のためにコーヒーを淹《い》れてくれたのだった。その家の主人を失望させたくなくて、私はそれを飲んだ。今やコーヒーは、私にとって一日の始まりに欠かすことが出来ない飲み物となっている。

いつしか私の味覚が変わって、ある日、気づいてみたら自分が毎朝味噌汁を飲みたくなっていたということは考えられる。ところが目下のところ、たとえば友人たちが老齢に備えて日本に適当な隠居ホームを見つけるように勧めてくれるのだが、毎朝そこで和風の朝食を食べなければならないかと思うと、つい探すのが億劫《おっくう》になってしまう。戦時中の私は、自分が無傷のまま生き延びる運命にあることを確信していた。今の私は、自分がいつの日か自分自身の世話が出来なくなって死ぬという事実を、まだ認めるに至っていない。この馬鹿げた確信が、味噌汁以上に私を隠居ホームから遠ざけている。

晩年に備えることが出来ないでいる自分を、今に後悔することがあるかもしれない。しかし振り返ってみて私は、自分のしたことと関係なく事態が一般に好転してきたことを知っている。何かを後悔する理由など、これまでにあったためしがないのだ。私が自ら下した数少ない重要な決断の一つは、ケンブリッジを去ってコロンビア大学へ行くことだった。その時、私はケンブリッジを離れたことを今に後悔するのではないかと恐れた。事実、それ以来ケンブリッジを訪れるたびに、その美しさに改めて感動し、どうして自分がここを去ったのかわからなくなる。しかし、(ケンブリッジ大学が拒絶した）日本での二年目の留学がなければ、私は数々の親交を結ぶことが出来なかったし、その親交は最高に美しいケンブリッジの環境にも増して私にとって貴重なものであることがわかったのだった。

また私は、実際にはそうならなかった人生の一大転機についても考える。内戦が一九三六年に勃発しなかったら、私はスペインで暮らしていたかもしれないのだった。もし一九四八年の中国で「解放」が起こらなければ、私は中国文学者になっていたかもしれない。これらの可能性（ほかにもある）は確かに興味をそそるが、結論はいつも同じだ。つまり、私は信じられないほど幸運だったのだ。ギリシャ悲劇の結末は次のような戒めで終わることが多くて、それは死ぬまではその人間を幸福と呼んではならないということだった。これは、私にもあてはまることかもしれない。しかし現在、私の身体を満たしているのは感謝の気持で、それは世界の様々な土地にいる私の友人たち、とりわけ日本に対する感謝の気持である。

「読売新聞」土曜日朝刊　二〇〇六年一月十四日～十二月二十三日掲載

あとがき

連載の最後の回を書き終えた時、ほんの少しだが、何か大きな作品を完成させた後にくるような虚脱感に襲われた。この「クロニクル」はまる一年続いたが、執筆に二十五年かかった『日本文学の歴史』とは規模も違い、虚脱感はそれなりに小さかった。

それでも連載が終わってみると、後悔の念に駆られた。私は、読者が特に関心があったかもしれない幾つかの体験に触れなかった。それ以上に、私の人生で重要な役割を演じて私の自叙伝に登場して然るべき多くの人々に言及しなかったことが悔やまれてならなかった。彼らは、連載に登場した人々ほどに自分が重要に思われていなかったのだろうかと疑ったり、すでに亡くなっていたとしたら、その家族が同じような思いを抱くかもしれない。私に答えられるのは次のことだけで、いざ「クロニクル」を書き始めてみたら、自分が書こうとしているのは、次から次へと「鎖」のようにつながっている一連の体験だということに気づいたのだった。いくら親しくても、別の「鎖」にいる友人は登場しようがなかった。これとまったく違った顔ぶれで自叙伝を書くことも、私には難なく出来たはずである。

私の人生で一番大切な「鎖」は、私を日本と結びつけていた。何年間か、特に反米主義が日本で頂点に達していた時など、何かがその「鎖」を断ち切って日本に戻れなくなるのではないかと心配したこともあった。幸いにも、そういうことにはならなかった。逆に、どんなに多くの反米主義の論文が発表されても、私はいつも非常に親切に扱われたし、親切にしてくれたのは友人だけではなかった。全国紙の新聞に自分の人生の出来事を物語る機会が与えられるなんて、よその国だったら考えられないことである。

この「クロニクル」を書き始めた当初、私は自分の人生で起こった数々の変化の例として、それぞれの時代の「乗り物」を使うつもりだった。これは、一時はうまくいった。たとえば私が思い出したのは、少年の時に牛乳が荷馬車で配達されていたことだった。こうした牛乳配達の荷馬車は、たぶんもう存在しないだろう。しかし私の記憶には、毎朝ドアのところに配達人が置くたびに牛乳瓶が立てる音が生き生きと蘇ってくる。東京で私が住んでいる「マンション」には、ドアの外の脇の壁に作りつけの牛乳瓶入れがあって、それは少なくとも（この建物が建てられた）三十五年前までは、牛乳瓶が配達されるのが当たり前だった証拠である。

私は自分が何年たっても基本的に変わっていないことをよく自分に言って聞かせるのだが、世界は確かに変わった。それは牛乳配達のような小さなことも含めて、世界全体の生活様式が変わったのだった。私が子供の頃、飛行機が普通の交通手段になった人々によって蒸気機関車が郷愁の対象になる日が来るなんて、どうして想像できたろう。将来は飛行機や自動車が古風な趣を帯びて郷愁を誘う対象となり、人々は個人用のロケットで宇宙を移動しているかもしれない。

幾つかのもの——たぶん一番大切なものは、同じままである。たとえば『源氏物語』を読むと、そんな気がする。私たちの生活が千年前の貴族の生活といかに大きく違っていても、この小説が自分のことのようにわかるのは、紫式部が描いた感情の数々が私たち自身のものでもあるからだ。愛、憎しみ、孤独、嫉妬《しっと》その他は、生活様式がいくら変わろうとも不変のままである。『源氏物語』であれシェイクスピアであれ、昔の文学を読む大きな楽しみの一つは、時空を超えて人々が同じ感情を共有しているのを発見することである。

この連載の読者の中には、私が昔のことをよく覚えていると褒めてくれた人々もいる。むしろ逆に私は、自分がよくも忘れてしまったものだと驚いている。最近、古い写真を取り出す機会があった。どの写真にも私の隣に数人が立っていて、私と一緒にカメラに向かって笑いかけている。私はその場所も、その人々が誰かも覚えていない。何か手掛かりはないかと、その写真が撮影された国を明らかにしてくれるもの——たとえば、後ろの壁に外国語で書かれている文字を探す。結局何も思い出せなくて、そこには説明書きのない写真だけが残る。

自分が日記をつけていなかったことを、残念に思うことがよくある。日記があれば、過去の多くのことを思い出す手掛かりとなったに違いない。しかし、いっそのこと忘れてしまった方がいいのかもしれない。もしすべてを覚えていたら、子供の頃に私を怖がらせたものや、学校で嫌いだった先生のこと、私を裏切ったと思った友達や、こっちが愛しているのに向こうが愛していなかった人々のことを思い出すだろう。そう、たぶん思い出そうとしない方がいいのだ。この「クロニクル」が抱えている数々の欠点にもかかわらず、一人の人間が本質的にいかに幸せな人生を過ごしてきたかということさえわかっていただければ、私は本望である。

二〇〇六年十二月

ドナルド・キーン

米寿——文庫版あとがきに代えて

昨年の六月、私はいつも通りニューヨークから東京に戻り、一週間後には友人、知人のお膳立てによる、お祝いの会に出席した。それは私の米寿を祝う会だった。米寿という節目もニューヨークでは意味を持たず、したがってこの大事な誕生日も素通りされる。しかし東京では随分前から大勢の友人、知人が主催者となって、目出たい日にふさわしい宴を盛り上げようと数々の準備をしてくれていた。

当日の会場では、普段なかなか会えない昔の教え子に会えて嬉しかった。元の学生の多くは日本と関係のある学問をそれぞれの大学で長年に渡り教えて来た人々で、優れた研究もあり、出版された本も多数あるが、その彼等にも定年が近づいている。これらの弟子は私の影響を受けたに違いないが、私にはない知識も持っている。私が七十年前に日本語の勉強を始めた頃、海外での日本研究はまだ生まれたばかりで、西洋人が自国において、日本語を覚えるのは不可能だという常識があった。大学で日本の歴史や美術などを教える教授も大体は日本語を読めなかったが、別段、問題ではなかった。現在では、日本語を読めなければ、まず教鞭を執る資格もない。

さて、日本文学を教える大学教授は、フランスで出来た文学論に精通し、精密な機械で日本文学を分析する趣きがあるが、私はむしろ直感に頼ることが多い。そして、恥ずかしいことには、私は今でも新しい機械やコンピューターを殆《ほとん》ど使えないのだが、それにもかかわらず、弟子たちや孫弟子とは変わることなく親密である。教え子たちとの再会はいつも変わらぬ喜びだ。

パーティーでは、挨拶も数多く披露されたが、いつになく面白かった。五十年前からの友人たちは過ぎた日々を懐かしく思い起こしたり、私の妙な癖を暴いたりして、皆さんを笑わせた。私自身のスピーチでは、集まった人たちの友情に心からの感謝を述べながら、なんとか泣かないようにと努力した。

さて、パーティーの山場は友人の越後角太夫（本名は上原誠己）の語りだった。「弘知法印御伝記」という古浄瑠璃をただ一人で語り、唄っただけではなく、同時に三味線の伴奏を弾いたのである。声は強く、音楽的であった。時間の制限があったために、この日は一部しか披露されなかったが、後日、浜離宮朝日ホールで越後猿八座の人形遣いの方々とも一緒に全曲を語る機会に恵まれ、その際は抜粋でも聴衆に深い感銘を与えた。

この浄瑠璃は三百二十五年の間、一度も上演される事なく眠っていたのである。現存の事実さえ明らかではない中で、早稲田大学の鳥越文蔵名誉教授が、大英博物館において、唯一の台本を発掘したのだ。一瞥《いちべつ》しただけで極めて珍しいものと気づいた鳥越教授は復刻、出版し、私にもその版を送ってくださった。その十数年後、角太夫に出会った私は、この台本の事を伝えた。それがきっかけとなり、角太夫は長らく冬眠していた、この古浄瑠璃に新たな命を吹き込み、復活させようと全力を尽くしたのだ。

結果は大成功であった。

「弘知法印御伝記」は米寿の宴で披露する芸として、典型的な余興ではないが、全体の雰囲気に案外、良くあった。八十八歳ともなれば、友達の多くはこの世にはおらず、何年ぶりに会った友人と昔を思い出しても、明るい話ばかりではない。誰それがいないのは残念ですね、と語り合い、或は口に出さずとも出席できなかった人々を心から想う。これが古浄瑠璃のペーソスとぴったり調和するのだ。アリストテレスが書いたように、悲劇を見ることによって、自分の中にある哀れみと恐怖を一掃できるのだろう。また、忘れられていた浄瑠璃が見事に蘇ったことも、芸術の永遠性を具現したと言える。おかげさまで大変、後味の良いパーティーだった。次は卒寿ということだろうか。

（『文藝春秋』二〇一一年二月号）

ま 行

や・ら・わ行

な 行

は 行

さ 行

た 行

索　引

あ 行

か 行

本書は『私と20世紀のクロニクル』（二〇〇七年七月、中央公論新社刊）を改題したものです。

DTP　平面惑星

中公文庫

ドナルド・キーン自伝《じでん》

2011年2月25日　初版発行

著　者　ドナルド・キーン

訳　者　角《かく》地《ち》幸《ゆき》男《お》

発行者　浅海　保

発行所　中央公論新社

〒104-8320　東京都中央区京橋2-8-7
電話　販売　03-3563-1431　編集　03-3563-3692
URL http://www.chuko.co.jp/

印　刷　三晃印刷

製　本　小泉製本

Published by CHUOKORON-SHINSHA, INC.
Printed in Japan　ISBN978-4-12-205439-4 C1195

中公文庫既刊より

各書目の下段の数字はISBNコードです。978-4-12が省略してあります。

キ-3-1
日本との出会い
ドナルド・キーン
篠田一士 訳

ラフカディオ・ハーン以来最大の日本文学者といわれる著者が、日本文壇の巨匠たちとの心温まる交遊を通じて描く稀有の自叙伝。〈解説〉吉田健一

200224-1

し-6-42
世界のなかの日本　十六世紀まで遡って見る
ドナルド・キーン
司馬遼太郎

近松や勝海舟、夏目漱石たち江戸・明治人のことばと文学、モラルと思想、世界との関りから日本人の特質を説き、世界の一員としての日本を考えてゆく。

202510-3

し-6-46
日本人と日本文化〈対談〉
ドナルド・キーン
司馬遼太郎

日本文化の誕生から日本人のモラルや美意識にいたる〈双方の体温で感じとった日本文化〉を縦横に語りあいながら、世界的視野で日本人の姿を見定める。

202664-3

キ-3-10
日本人の美意識
ドナルド・キーン
金関寿夫 訳

芭蕉の句「枯枝に…」の烏は単数か複数か、その曖昧性に潜む日本の美学。ユニークな一休の肖像画、日清戦争の文化的影響など、独創的な日本論。

203400-6

キ-3-11
日本語の美
ドナルド・キーン

愛してやまない〝第二の祖国〟日本。その特質を内と外から独自の視点で捉え、卓抜な日本語とユーモアで綴る味わい深い日本文化論。〈解説〉大岡　信

203572-0

キ-3-12
足利義政と銀閣寺
ドナルド・キーン
角地幸男 訳

建築、庭園、生け花、茶の湯、そして能――日本人の美意識の原点となった東山文化の偉大な創造者として、将軍・足利義政を再評価する。〈解説〉本郷和人

205069-3

キ-3-13
私の大事な場所
ドナルド・キーン

はじめて日本を訪れたときから六〇年。ヨーロッパに憧れていたニューヨークの少年にとって、いつしか日本は第二の故郷となった。自伝的エッセイ集。

205353-3

キ-3-15
日本文学史 近世篇一
ドナルド・キーン
徳岡孝夫 訳
徳川時代を代表する詩形は俳諧である。独立した文芸ジャンルに高められた俳諧が、松尾芭蕉という才能を得て、十七文字の中に小宇宙を創造するまで。
205423-3

あ-18-2
内なる辺境
安部公房
ナチスの軍服が若者の反抗心をくすぐりファシズムがエロチシズムと結びつく。現代の異端の本質を考察する前衛作家のエッセイ。〈解説〉ドナルド・キーン
200230-2

あ-18-3
榎本武揚
安部公房
旧幕臣を率いて軍を起こしながら、明治新政府に降伏した榎本武揚。彼は時代の先駆者なのか、裏切者か。維新の奇才のナゾを追う長篇。〈解説〉ドナルド・キーン
201684-2

あ-32-5
真砂屋《まなごや》お峰
有吉佐和子
ひっそりと家訓を守って育った材木問屋の娘お峰はある日炎の女に変貌する。享楽と頽廃の渦巻く文化文政期の江戸を舞台に、鮮烈な愛の姿を描く長篇。
200366-8

あ-32-8
出雲の阿国《おくに》(上)
有吉佐和子
桃山文化が生んだ天下一の踊り手、歌舞伎の創始者「出雲の阿国」の波瀾万丈な生涯を描く歴史長篇。芸術選奨に輝いた有吉佐和子の記念碑的作品。
204080-9

あ-32-9
出雲の阿国(下)
有吉佐和子
阿国を深く陶酔させた名護屋山三との激しい恋と離別。阿国は上方から江戸、そして出雲へと旅を続け…。息もつかせぬ感動のうちに完結する歴史長篇。
204081-6

お-2-2
レイテ戦記(上)
大岡昇平
太平洋戦争の天王山・レイテ島での死闘を再現し戦争と人間を鋭く追求した戦記文学の金字塔。本巻では「一第十六師団」から「十三 リモン峠」までを収録。
200132-9

お-2-3
レイテ戦記(中)
大岡昇平
レイテ島での日米両軍の死闘を、厖大な資料を駆使し精細に活写した戦記文学の金字塔。本巻では「十四軍旗」より「二十五 第六十八旅団」までを収録。
200141-1

各書目の下段の数字はISBNコードです。978－4－12が省略してあります。

お-2-4
レイテ戦記（下）
大岡昇平
レイテ島での死闘を巨視的に活写し、戦争と人間の問題を鎮魂の祈りをこめて描いた戦記文学の金字塔。地名・人名・部隊名索引付。〈解説〉菅野昭正
200152-7

お-2-6
ミンドロ島ふたたび
大岡昇平
戦後二十数年、再び現地を訪れて、自らの生と死の間の彷徨の跡を尋ね、亡き戦友への追慕と鎮魂の情をこめて戦場の島を描く五篇。〈解説〉中野孝次
200337-8

お-63-2
二百年の子供
大江健三郎
タイムマシンにのりこんだ三人の子供たちが出会う、悲しみと勇気、そして友情。ノーベル賞作家の、唯一のファンタジー・ノベル。舟越桂による挿画完全収載。
204770-9

か-30-1
美しさと哀しみと
川端康成
京都を舞台に、日本画家上野音子、その若い弟子けい子、作家大木年雄の綾なす愛の色模様。哀しさの極みに開く官能美の長篇名作。〈解説〉山本健吉
200020-9

み-9-2
作家論
三島由紀夫
森鷗外、谷崎潤一郎、川端康成を始め、敬愛する十五作家の精神と美意識を論じつつ文学の本質に迫る、著者の最後を飾った文学論。〈解説〉佐伯彰一
200108-4

み-9-6
太陽と鉄
三島由紀夫
三島ミスチシズムの精髄を明かす表題作。作家として自立するまでを語る「私の遍歴時代」。三島文学の本質を明かす自伝的作品二篇。〈解説〉佐伯彰一
201468-8

み-9-7
文章読本
三島由紀夫
あらゆる様式の文章・技巧の面白さ美しさを、該博な知識と豊富な実例と実作の経験から詳細に解明した万人必読の文章読本。〈解説〉野口武彦
202488-5

B-18-26
私の食物誌
吉田健一
おいしい食物が眼の前にならんだ幸福と食卓の愉しさを満喫させる、全国津々浦々にわたる美味求心の旅。独自の文体に香りが漂う。〈解説〉金井美恵子
204891-1